図解でわかる

# 小さな会社の経営に活かす会計
### いちばん最初に読む本

中小企業診断士
**六角明雄**

アニモ出版

# はじめに

　ほとんどの中小企業経営者の方は、「会計が大切」と認識されていると思いますが、その一方で「会計は苦手」と考えておられる方も少なくないでしょう。そして、単に苦手というだけでなく、「利益が出れば納税額が増える」とか、「赤字になれば銀行から融資を受けにくくなる」など、「会計がなければたいへんな思いをしなくてもすむのに」とお感じになっている方もいるでしょう。
　では、なぜ経営者のなかに会計は負担だと感じる人が現われてしまうのでしょう。このような考え方をもつ経営者の方は、事業を重視しているからだと私は考えています。すなわち、よい商品を販売したり、よい製品を製造したりすることが、自分たちの最大の役割だと考えているのだと思います。この考え方は誤ってはいませんが、現代はそれだけでは勝負に勝てない時代になってきているようです。

　かつて経済成長が続いていた時代は、よい商品を販売したり、よい製品を製造していれば、業況はそれについてきました。しかし、現在は商品や製品よりも価値を生むしくみが勝敗を分け、そのしくみづくりは経営者の大きな役割になっています。これをひとことで表わせば、「**現代はマネジメントの時代である**」ということです。
　マネジメントが上手な経営者は、自社の強みを伸ばしたり、チャンスを逃さずに活かしたりすることで、業績を順調に伸ばしています。
　このマネジメントの能力を高めるためには、会計を上手に使えるかどうかがその第一のステップです。これも私の経験から感じることですが、「マネジメントは得意だが、会計は苦手」という方はほとんどいません。会計を駆使できるからこそ、マネジメントも的確に実践できるようになります。

　私がお伝えしたいことは、単に「優秀な経営者になるには会計が得意でなければならない」ということではなく、むしろ、「**優秀な経営者はマネジメント能力が高く、だからこそ会計も使いこなしている**」

ということです。

　そこで、本書は、単に「会計を勉強するための本」というよりも、「経営者としてステップアップするための会計の基礎知識をマスターできる本」というコンセプトで上梓しました。

　１章は、会計とは何か、経営者との関わりは何か、ということを解説しており、これを読むことで会計の重要性を認識していただけると思います。２章では、会計の基礎知識、具体的には、決算書とそれに関連する計算書類の読み方を解説しています。

　３章の安定性の分析、４章の収益性の分析、そして５章の付加価値の分析は、いわゆる財務分析のことで、財務会計から会社の状況を分析する方法を解説しています。これらの分析は会社の基本的な分析手法であり、自社の状況を把握するために大切な分析です。

　６章の在庫に関する分析、７章の売上高に関する分析、８章の意思決定のための分析は、まさに、いつも会社の将来に注目している経営者のための分析です。そして、９章のバランス・スコア・カードは、経営者が会計をどのように活用するのかという一つのモデルとしてご紹介しています。

　本書のおおよその内容は以上のとおりですが、前述のように、本書が単なる会計の解説書にとどまらず、経営者の方のスキルアップとして活用していただくことができれば、筆者として喜びにたえません。

　2015年10月　　　　　　　　　　　　　　　　　　六角　明雄

図解でわかる
小さな会社の経営に活かす会計 いちばん最初に読む本

# もくじ

はじめに

## 1章 経営と会計には どんな関係があるの？

- 1-1 「会計」はなぜ必要なのか？ ………………………… 12
- 1-2 「財務会計」というルールができた ………………… 14
- 1-3 経営者のために「管理会計」がある ………………… 16
- 1-4 「バランス・スコア・カード」を活用しよう ……… 18
- 1-5 会社はなぜ利益を出さなければならないのか ……… 20
- 1-6 絶えず「資金収支」を念頭に置いて経営しているか … 22
- 1-7 経営者の役割を確認しておこう ……………………… 24
- 1-8 経営分析と財務分析は何が違うのか ………………… 26

知っとコラム　会社は株主のものか？　28

# 2章 財務諸表について これだけは知っておこう

- 2-1 「貸借対照表」のしくみを知っておこう ……… 30
- 2-2 「流動資産」と「固定資産」の区別のしかた ……… 32
- 2-3 「流動負債」「固定負債」「純資産」の中身は？ ……… 34
- 2-4 「比較貸借対照表」で何がわかるのか ……… 36
- 2-5 「損益計算書」のしくみを知っておこう ……… 38
- 2-6 「売上高」「売上原価」「売上総利益」の関係は？ ……… 40
- 2-7 「販売費及び一般管理費」と「営業利益」の関係 ……… 42
- 2-8 「経常利益」「当期利益」とはどんな利益か？ ……… 44
- 2-9 「比較損益計算書」から何がわかるのか ……… 46
- 2-10 「株主資本等変動計算書」で何がわかるのか ……… 48
- 2-11 「キャッシュフロー計算書」とは何か ……… 50
- 2-12 「資金繰表」はなぜ必要なのか ……… 52
- 2-13 「資金運用表」はなぜ必要なのか ……… 54
- 2-14 「資金移動表」はどんな役に立つのか ……… 56
- 2-15 「会計公準」について知っておこう ……… 58
- 2-16 会計の「一般原則」を理解しておこう ……… 60

CONTENTS

# 3章 会社の安定性はどのようにチェックするの?

- **3-1** 「流動比率」で短期的な資金収支が把握できる ……… 64
- **3-2** 「固定長期適合率」で長期的な資金収支の安定性がチェックできる ……… 66
- **3-3** 「自己資本比率」で資金調達の安定性を確認する ……… 68
- **3-4** 「手元流動性比率」で資金の蓄えを確認する ……… 70
- **3-5** 「総資本回転率」で効率経営が行なわれているか確認する ……… 72

**知っとコラム** 資産の帳簿価額と含み益　74

# 4章 会社の収益性・効率性はどのようにチェックするの?

- **4-1** 「売上高総利益率」で付加価値の大きさがわかる ……… 76
- **4-2** 「売上高経常利益率」で通常の事業活動の成果がわかる ……… 78
- **4-3** 「売上高費用比率」で支出管理ができる ……… 80
- **4-4** 「総資産経常利益率」で資産の効率性がわかる ……… 82

4-5 「財務レバレッジ」で何がわかるのか ……………………… 84

4-6 「デュポン方式」って何だろう ……………………………… 86

**知っとコラム** 利益は意見。現金は事実。　88

# 5章 会社の付加価値と生産性はどのようにチェックするの？

5-1 「付加価値」はどれくらいあるか ………………………… 90

5-2 付加価値の代表的な2通りの求め方 ……………………… 92

5-3 「労働分配率」で
付加価値に占める人件費割合がわかる …………………… 94

5-4 「労働生産性」で社員の働き具合がわかる ……………… 96

5-5 「労働装備率」で機械化の進み具合がわかる …………… 98

5-6 「資本生産性」でものの付加価値が把握できる ………… 100

**知っとコラム** 費用の機能別分類と形態別分類　102

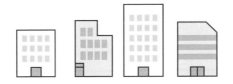

# 6章 在庫を効率化するには どうしたらいい？

- **6-1** 材料などの「経済的発注量」は どのように計算するのか ……… 104
- **6-2** 「在庫日数」で適正な在庫量を把握する ……… 106
- **6-3** 「安全在庫量」の考え方・求め方① ……… 108
- **6-4** 「安全在庫量」の考え方・求め方② ……… 110
- **6-5** 「GMROI」の考え方・活用のしかた① ……… 112
- **6-6** 「GMROI」の考え方・活用のしかた② ……… 114
- **6-7** 「在庫滞留期間」で在庫効率を検証する ……… 116
- **6-8** 「在庫金利」の考え方・活用のしかた① ……… 118
- **6-9** 「在庫金利」の考え方・活用のしかた② ……… 120

**知っとコラム** 「費用収益対応の原則」とは　122

# 7章 損益分岐点の求め方・ 活用のしかた

- **7-1** 費用は「変動費」と「固定費」に分ける ……… 124

| 7-2 | 「準変動費」「準固定費」といった区分のしかたもある | 126 |
| 7-3 | 「限界利益」について理解しておこう | 128 |
| 7-4 | 「損益分岐点売上高」を求めてみよう | 130 |
| 7-5 | 「損益分岐点販売数量」を求めることもできる | 132 |
| 7-6 | 「目標利益獲得売上高」の考え方・求め方 | 134 |
| 7-7 | 「融資返済可能売上高」を求めることもできる | 136 |
| 7-8 | 「安全余裕率」で赤字転落を回避する | 138 |
| 7-9 | 「経営安全率」で固定費を管理しよう | 140 |

**知っとコラム** 安全余裕率と経営安全率は同じ？　142

# 8章 管理会計についてしっかり理解しておこう

| 8-1 | そもそも「管理会計」とは何か | 144 |
| 8-2 | 「ABC分析」で販売先を管理する | 146 |
| 8-3 | 「貢献利益」の高い製品に絞り込む | 148 |
| 8-4 | 「機会原価」で受注の可否を判断する | 150 |
| 8-5 | 「差額原価」で値引きの可否を判断する | 152 |
| 8-6 | 「制約理論」で利益の最大化を検討する | 154 |

| | | |
|---|---|---|
| 8-7 | 活動を基準に原価計算することの効果は何か | 156 |
| 8-8 | 「回収期間法」を設備投資の判断に役立てる | 158 |
| 知っとコラム | コミッティドコストとマネージドコスト | 160 |

## 9章 バランス・スコア・カードを上手に活用しよう

| | | |
|---|---|---|
| 9-1 | 「バランス・スコア・カード」の特徴とは | 162 |
| 9-2 | BSCの4つの視点の関係 | 164 |
| 9-3 | BSCを導入して「戦略マップ」を作成する | 166 |
| 9-4 | 「重要業績評価指標」で達成度合いを測る | 168 |
| 9-5 | 「PDCA」で目標の達成度合いを確認する | 170 |

さくいん　172

---

カバーデザイン◎水野敬一
本文DTP&図版&イラスト◎伊藤加寿美（一企画）

# 1章

## 経営と会計には どんな関係があるの？

経営に会計の知識は欠かせません。

# 1-1
## 「会計」はなぜ必要なのか？

### ▶ 株式会社ができたから会計が必要になった！

　1章では、経営と会計の関わりについてみていきますが、まずは、「会計はなぜ必要なのか」「その役割はどのようなものなのか」ということから考えてみましょう。そのためには、「会社とはいったいどういうものか」ということを理解する必要があります。

　世界で初めてできた株式会社は、大航海時代である1602年に設立され、貿易を行なっていた、オランダの東インド会社であるという話は有名です。これは、現代では一般的になっている**継続的な資本を持った会社**でした。

　それまでは、貿易船の1回の航海のたびに出資者から資金を募り、航海が終わるごとに清算をして利益を出資者に配分していました。ところが東インド会社は、1回の航海ごとに清算をせず、資本を継続して蓄えたまま貿易を営むことにして、現在の株式会社のようなしくみで運営するようにしたのです。

　このような会社ができた経緯からもわかるように、会社は、**事業を営むためにお金を集め、出資者に配当を行なうためのしくみ**です。したがって、事業にともなうお金の出入りを記録しなければならず、それが会計として発展してきました。

　会計の特徴をまとめると、次のとおりです。

> ①会計の役割は、お金の出入りを記録すること
> ②会計の目的は、出資者がどれくらいの利益の配分を得ることができるかを計算すること

　このように、会計は、もともとは出資者の観点で必要とされているものでした。しかし現在では、会計は出資者に限らず、経営者や事業に関わる人たちにとっても大切なものとなっています。また、会計は

◎会社のしくみができた始まりは…◎

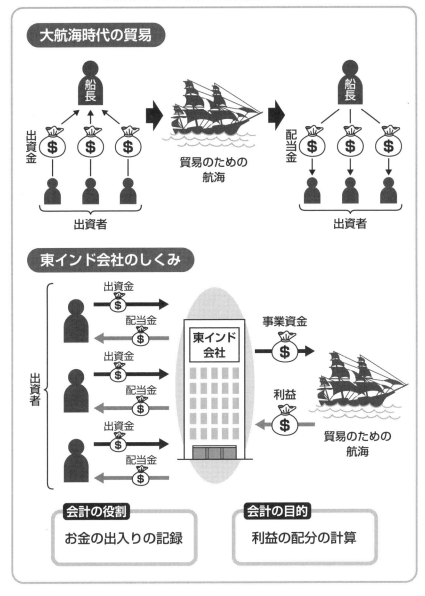

無機的な数字だけで示されるものであり、有機的に営まれている事業を会計だけを通して見ることはあまり適切でないという批判的な考え方も聞かれるようになっています。

# 1-2 「財務会計」というルールができた

### ● 出資したらその見返りとして利益の分配を受ける

　出資者の観点からの会計について、もう少し考えてみましょう。

　まず、「**出資**」とはどういうものでしょうか？　これは、文字どおり「資金を出す」という意味で、事業を営むために使われる資金を会社に提供することです。そして出資者は、出資の見返りとして会社から利益の分配である配当金を受け取ります。

　現在では、エンジェル投資家による出資や、クラウドファンディングを活用した出資など、出資先の会社を応援するという意味も込められて出資が行なわれることもありますが、これらも本質的にはお金の提供であることに変わりはありません。

　いずれにしても、会社への出資とは、**資金を提供してその見返りに配当金を受け取る**という、お金が中心となる行為であり、したがって、出資にともなう配当がいくらになるかを計算するためのツールである会計も、その対象がお金であるということになります。

### ● 会計はお金の出入りを記録しなければならない

　もう一つ、出資者の観点からの会計の特徴として、**過去のことを示すもの**であるということがあげられます。これは、前項の会計の成り立ちからもわかるように、配当金の計算は、事業が営まれた結果、すなわち過去に起きたことにもとづいて行なわれるからです。つまり、配当金は、過去の事業の成果がよければ多くなり、悪ければ少なくなるかまたは0となります。

　ここまで述べた、お金を対象とする過去のことを示すという特徴をもった出資者の観点からの会計は、「**財務会計**」といわれます。

　そして、出資は不特定多数の人が行なうことであり、会社によってそのやり方が異なっていると、出資をしようとする人たちが混乱してしまいます。そこで、財務会計については統一したルールが決められ

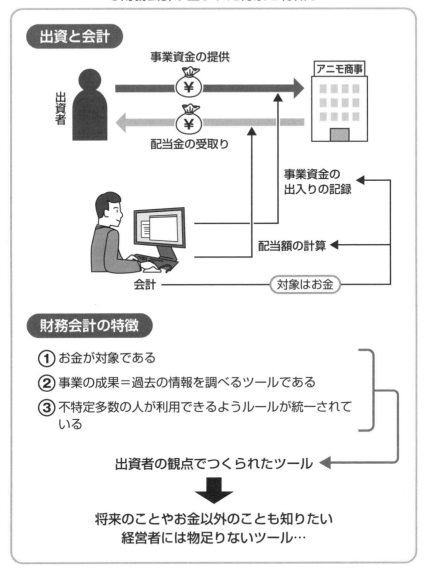

ています(ルールなどの詳細については2章で説明します)。

ただし、将来のことや、お金以外のことにも目を向けなければならない会社の経営者からは、「財務会計は物足りない」といわれることがままあります。

# 1-3 経営者のために「管理会計」がある

## ● 財務会計からの情報だけでは経営に役立たない

　大航海時代に世界で最初の株式会社がつくられましたが、時代とともに産業が発展するにつれ、会社が営む事業の内容も複雑になってきました。そのため、会社の経営者は事業の運営にあたって、的確な判断を行なうことができるように、財務会計だけから得られる情報よりも、**より詳細な情報を得るための工夫**をするようになりました。

　このような経営者による工夫は、1800年代の米国の紡績工場で始まったといわれています。当初は、製品を製造するためにどれくらいの費用がかかるのかという計算、すなわち「**原価計算**」が行なわれました。このことにより、たとえば、製品をいくらで売ればどれくらいの利益が得られるのか、ということがわかるようになったのです。

　その後、このような工夫は時代を追って発展していき、会社の部門別に利益を管理したり、事業の一連の流れのなかから改善を要する部分を探したり、新たな設備投資を行なうべきかどうかの判断をするための情報を得るなどの手法が考え出されてきました。

## ● 管理会計には統一されたルールがない

　このような、経営者のための会計は「**管理会計**」と呼ばれ、財務会計とは逆に、経営者が事業に関する将来を見通すための情報として活用されます。また、財務会計と同様に、管理会計の対象もお金が主なものですが、「製造した製品は何個か」「必要となる原材料は何グラムか」といった**数量も対象となる**ことがあります。

　そして、管理会計を利用する人は、経営者などの限られた人たちだけであることから、表示方法などについて統一されたルールはなく、利用者の任意で決めることができます。

　管理会計は、財務会計だけでは不足する情報を得るツールとして、経営者にとってはより重要な位置を占めています。しかし、財務会計

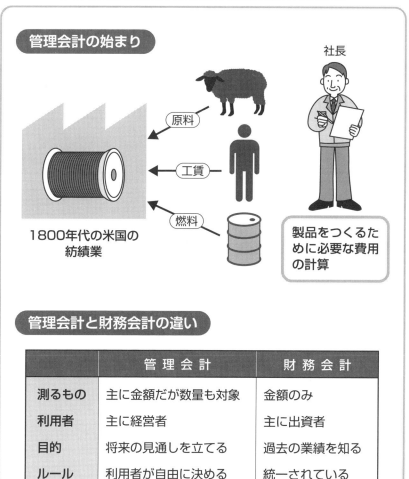

と同様に数字で表わされるものであることから、「管理会計は無機的である」と評価されることがあります。

# 1-4 「バランス・スコア・カード」を活用しよう

### ▶ バランス・スコア・カードとは何か

　会計の目的は、主にお金の出入りを記録することであり、数字で表わされることから、無機的と感じられるため、有機的な事業を、会計を通して見ることには限界があるといわれることがありました。

　たとえば、かつての米国では、出資者である株主などからの会社の評価方法が会計の面だけに偏りすぎているという批判が起こりました。このような状況のなか、同国の経営学者であるキャプランとコンサルタント会社社長のノートンは、1992年に「**バランス・スコア・カード**」（Balanced Score Card＝ＢＳＣ）という業績評価システムを開発し、会計、すなわち**財務の視点**だけでなく、**顧客の視点、業務プロセスの視点、学習と成長の視点**からも評価するしくみを開発し発表しました。

　その後、多くの会社がＢＳＣを取り入れるようになり、米国のサウスウェスト航空はＢＳＣの活用によって著しい業績の回復を実現しました。また、日本でも、ＢＳＣを活用している会社が増えています。

　ＢＳＣを利用することによって、株主や経営者は、会計だけを通してみるよりも、有機的な事業をより実態に近い状態で把握できるようになります。しかし、ＢＳＣの4つの視点は、各視点が並列に評価されるということではありません。それぞれの視点からの活動が有機的に作用しあい、その成果は最終的に**財務の視点での評価に収斂**されるということに注意しなければなりません。

　たとえば、「顧客の視点の評価は高いが、財務の視点での評価は低い」という状態は、ＢＳＣの考え方からみて事業活動が奏功していることにはなりません。「顧客の視点の評価が高いので、財務の視点でも評価が高い」というような状態のときに、ＢＳＣが活用され事業活動が奏功している状態であるといえます（拙著『図解でわかる小さな会社の経営戦略 いちばん最初に読む本』144～157ページ参照）。

　ＢＳＣにおいても、経営者の活動の対象は有機的な活動である会社

◎バランス・スコア・カードの4つの視点の関係◎

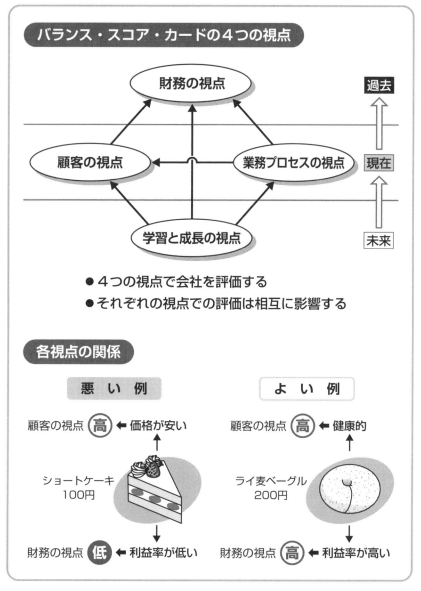

の事業ですが、その活動の目的は、事業活動からなるべく多くの利益を得て、株主への配当を増やすことであるということに変わりはありません。

# 1-5 会社はなぜ利益を出さなければならないのか

## ◉ 利益が出なければ事業資金を調達できなくなる

　「会社が利益を出すのは当たり前だ」と考える人は多いと思いますが、「利益のためだけに会社を経営しているのではない」という考え方で経営に臨んでいる経営者も珍しくありません。利益に関してはさまざまな立場からそれぞれの考え方がありますが、ここでは、会計の論理から会社の利益について触れておきましょう。

　これまで出資については、「出資者が資金を会社に提供し、その見返りとして配当金を得ること」と説明してきましたが、これ以外に別の面からの意味もあります。すなわち、出資者は、**出資金の額を限度として事業のリスクを引き受けている**ということです。

　仮に、事業が失敗した場合、出資金の一部または全額が出資者に戻らなくなります。その意味で、出資者は会社の当事者（所有者）であり、出資金（株式会社では資本金）は「**自己資本**」といわれます。そして、事業のリスクを引き受ける株主たちから提供された自己資本があるからこそ、会社は積極的な事業展開が行なえるわけです。

　このことから、仮に、事業のリスクを引き受けることの見返りである配当金を受け取ることができない、すなわち事業から利益が得られなかった場合、出資者は出資を続けようとはしなくなるでしょう。利益を出さなければならない理由は、リスクを引き受ける株主に**引き続き資金を提供してもらうための必須の条件**であるということです。

　利益を得ることのもう一つの意味は、**利益が事業に必要な資金（事業資金）の原資にもなる**ということです。事業資金は、これまで述べてきた出資者からの出資と、銀行などからの融資によって調達する方法（これを**外部金融**といいます）がありますが、利益で得られたお金も、配当金や税金を支払った残り（内部留保）は事業のために充てることができます（これを**内部金融**といいます）。

　内部金融による資金調達は、外部金融のように一度にまとまった金

## ◎出資の意味と内部金融のしくみ◎

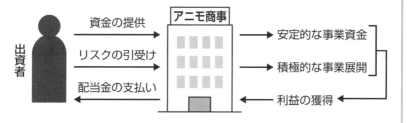

「利益の獲得⇨配当金の支払い」ができなければ、
安定的な事業資金を供給してもらったり、
積極的な事業展開もできない。

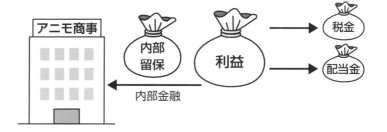

利益のうち、税金と配当金を支払った残りは、
会社の内部に留保し、事業資金として利用できる。

---

額を調達することはむずかしいですが、その一方で、外部金融で調達した資金のように返済期限があったり利息の支払いを行なったりする必要がないため、内部留保の大きい会社はそれの小さい会社と比較して、より優位に事業を展開することができます。このように、利益の積み重ねは事業にとっても大切なものなのです。

# 1-6 絶えず「資金収支」を念頭に置いて経営しているか

### ● 短期的にも長期的にも把握しなければならない

　利益のほかに、経営者が把握しなければならないもう一つの大切なものに「**資金収支**」があります。

　事業活動には資金が必要になりますが、必ずしも十分な資金がいつでも調達できる状況にあるとは限りません。その主な理由は、**コストと信用の制約**によるものです。

　コストの制約とは、出資に対しては配当金を、融資に対しては利息を支払う必要があり、これらのコストが膨らむと、事業から得られる利益が減少してしまうということです。

　信用の制約とは、出資も融資も資金の提供者から見れば、資金を提供することによって事業のリスクを受け入れることになるわけですから、資産の多さや事業の状況から判断される会社の信用の大きさ（＝提供を受けられる資金の額）には限度があるということです。

　特に、資金収支で肝要なのは、一瞬でも資金が不足してしまうと、活動は停止してしまうということです。資金の不足とは、具体例をあげると、手形の不渡りや、融資金の返済の延滞などです。このような状態になると、会社に対する信用は大きく失われ、事業を再開することはたいへん困難な状況になります。そこで、経営者は常に資金不足に陥っていないか、注意する必要があります。

　また、このような日常的な資金収支だけでなく、長期的な資金収支について勘案することも経営者にとって大切です。一般的に、会社の事業は成長していきますが、使える資金が制約されているなかで、**どのタイミングで・どのような事業に・どれくらいの資金投入を行なうのか**という判断を求められるでしょう（たとえば、ケーキの製造会社が、創業5年目に、5,000万円で第二工場を建設し、和菓子を製造する事業に進出するというような判断）。

　このような、事業を成長させるための資金収支についても、経営者

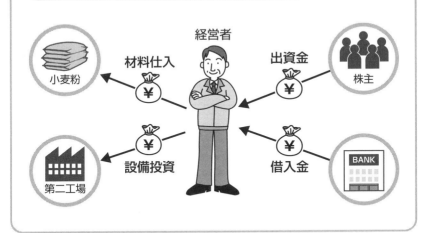

◎コスト、信用と資金調達額の関係◎

| 利益額 | 配当・支払利息支払可能額 | 資金調達可能額 |
|---|---|---|
| 多 | 多 | 多 |
| 少 | 少 | 少 |

| 利益額 | 信用の大きさ | 資金調達可能額 |
|---|---|---|
| 多 | 大 | 多 |
| 少 | 小 | 少 |

経営者は資金収支を維持する役割をもつ

は常に念頭に置いて経営しなければならないでしょう。

そして、前項で述べたとおり、内部金融(利益の積み重ね)は、これらの短期的な資金収支や長期的な資金収支に資するものであり、利益の大切さがあらためて理解できます。

# 1-7 経営者の役割を確認しておこう

## ● 会計のしくみをおさらいしてみると

　まず、会社は、出資者（株主）によって提供された資金を事業に使います。株主は、会社の事業の当事者（会社の所有者）として、事業のリスクを引き受けており、その見返りに配当金を受けます。

　そこで、出資した事業からいくらの配当金が得られるかを計算できるようにするため、株主から提供されたお金の出入りが記録されます。この記録が「会計」であり、このような経緯からお金が会計の対象となります（☞1−1、1−2項）。

　この株主の意向を受けた経営者は、なるべく多くの利益を得ることができるように努めて事業に臨みます。このとき、経営者に最低限要求されることは、利益を得ることと、短期・長期の資金収支の均衡を維持することです（☞1−5、1−6項）。

　さらに、時代とともに事業が複雑化するにつれて、事業の経営にはより難しい判断が必要とされてきています。

　そこで、経営者が適切なタイミングで適切な判断を行なうことができるようにするための支援のしくみの一つとして、経営者向けの会計である「管理会計」や、財務の視点だけでなく非財務の視点も取り入れた評価システムである「バランス・スコア・カード」が開発されてきました（☞1−3、1−4項）。

## ● 経営活動に必要な情報は会計から得られる

　すなわち、経営者の役割は、会社の事業を発展させ利益を得ることですが、その役割を果たすために管理会計などによって意思決定を行ない、財務会計などによって資金収支が維持されているか、利益が得られているかを確認します。

　経営者の活動を遂行するために必要な情報は、会計から得られる情報がすべてではありませんが、その多くは会計から得られるというこ

◎経営者の大きな2つの役割◎

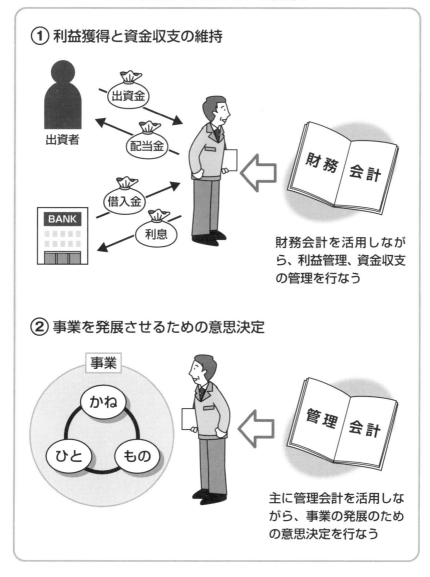

とは、これまでの説明で容易に理解していただけたことと思います。

このことを踏まえた、経営者にとって必要とされる会計の知識や、会計の活用法については、2章以降で説明していきます。

# 1-8 経営分析と財務分析は何が違うのか

## ▶ 財務分析は経営分析の一部である

　前項で「経営者の活動を遂行するために必要な情報は、会計から得られる情報がすべてではない」と述べましたが、これと同様に、経営のよし悪しも、会計から得られる情報だけでは、ただちに判断することはできません。経営の対象である事業は「ひと・もの・かね」の有機的な活動であり、「かね」を対象とする会計から得られる情報は事業の一部の情報にとどまるからです。すなわち、事業の「かね」の側面を対象とする**財務分析**は、事業全体を対象とする**経営分析**の一部であるということです。

　本書は、「会社を上手に経営するための会計の活用法」をテーマとしており、経営分析を中心的な内容とはしていませんが、経営分析と財務分析の違いについて具体例で説明しておきましょう。

　A社の5年前の売上高は10億円で利益額が2億円でした。しかし、前期の売上高は9億円で利益額は1億円でした。この会計の情報だけでは、売上高も利益額も下がっており、5年前と比較してA社の事業に改善が求められるということしかわかりません。

　しかし、A社の扱う商品はこの5年間で競合が激しくなり、同業他社の多くは赤字になっていたとすれば、経営環境の変わった状況にあっても黒字を維持しているA社の経営は評価できる可能性が高いといえます。そして、どのような努力や工夫があったのかということについては、会計以外の「ひと」や「もの」、そして、その他の要素についてアプローチしなければ把握できません。

　このように、会計から得られる情報だけでは経営のよし悪しをただちに判断できないということに、注意することが必要です。しかし、1-4項のバランス・スコア・カードの説明でも少し触れましたが、経営の上手な経営者が事業経営を行なったとしても、事業の経営環境が厳しいために、事業の成果が赤字となってしまったり、資金が足り

## ◎財務分析と経営分析の違いを知っておこう◎

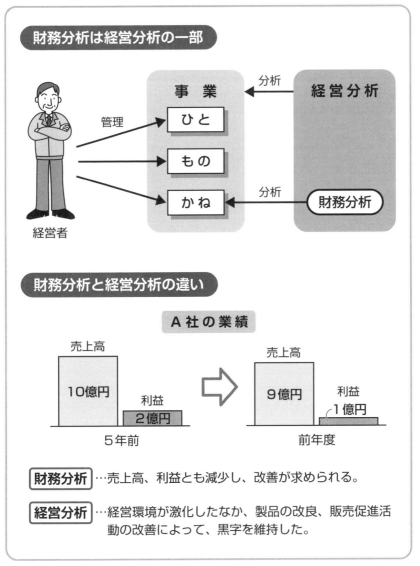

なくなって事業が停止してしまうようなことになったりしては、経営する意味はなくなります。1－7項で触れたように、経営者はプロセスだけでなく、事業の成果、すなわち利益の計上や資金収支の維持を果たす義務を負っているのです。

> 知っと
> コラム

## 会社は株主のものか？

　1-5項で、「株主は会社の所有者」と説明しました。しかし、「会社は株主のものだ」と考えている人は決して多くないと私は感じています。

　日本では、会社法を読む限り、株主は出資の範囲で責任を持ちつつ、株主総会で会社の意思決定を行なっていることから、会社は株主のものであることに間違いはありません。

　その一方で、日本においては、役員、従業員、顧客、仕入先、会社が所属する社会などの利害関係者（ステークホルダー）と会社の関係が強い場合があり、会社のことを株主だけで決めるわけにはいかない状況が起きることもあります。

　たとえば、平成24年に西武鉄道の親会社の大株主である投資ファンドが、西武鉄道の「不採算路線」の廃止を提案していると報道されたことがありました。これに対し、不採算路線とされる路線の一つの沿線の自治体から、その路線を維持するよう西武鉄道に要望が出されました。結果として、現在、路線の廃止には至っていません。

　このように、会社は株主が所有しているからといって、必ずしも株主の思うとおりにできるとは限らないこともあります。

　法律的には、会社の意思決定は株主だけで行なうことができますが、株主が独善的になってしまえば、会社の事業そのものがうまくいかなくなり、結果として株主にとってもメリットが得られないことになります。

　これは、会社の**社会的責任**（Corporate Social Responsibility＝CSR）が高まりつつあり、会社の事業は公共性を意識しなければならないことの表われといえるでしょう。

# 2章

## 財務諸表について
## これだけは知っておこう

# 2-1 「貸借対照表」のしくみを知っておこう

### ● 決算日における会社の財産の状況がわかる

「**貸借対照表**」は、損益計算書などと並んで、法律（会社法435条2項）で作成が義務づけられている**計算書類**の一つです。英文では「バランス・シート」（Balance Sheet）といい、その頭文字をとって、B／Sと呼ばれることもあります。

B／Sは、会社の決算日における財産の状況を表わしています。一方で、会社は継続的な事業活動によって利益を獲得し続けています。その利益の一部は会社に蓄えられ、会社の財産は年々増えていきます。ですから、前々期のB／Sに記載された財産の額と、前期のB／Sに記載された財産の額の差が、1年間で増えた資産の額ということになります。

### ● B／Sは財産をどのように表わしているか

B／Sは、左右対称になっています。そして、貸借対照表の「貸」と「借」には、「貸す」や「借りる」という意味はなく、会計では単に「右（貸）」または「左（借）」という位置だけを表わしています。ですから、貸借対照表は、「**右と左を対照して表わすもの**」という意味です。

では、左右で何を表わしているのでしょうか？

まず、左側にはどのような**資産**があるかということが書かれています。一方、右側は買掛金（後払いとする約束で購入した材料や商品などの購入代金）や借入金など外部に対して将来の支払いを約束しているもの（**負債**）と、資本金や過去の利益の蓄え（**純資産**）の内容が書かれています。そして、左側に記載されている資産は、右側に記載されている負債と純資産でまかなわれている、ということを意味しています。

この状況を算式で表わすと、

## ◎貸借対照表のしくみはこうなっている◎

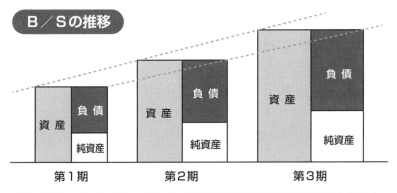

**貸借対照表** （Balance Sheet＝B／S）

借方（左側）　　貸方（右側）

資産　＝　負債　＋　純資産

⇩

「貸借対照表等式」

会社の資産（借方＝左側）は、会社の負債と純資産（貸方＝右側）でまかなわれていることを示している算式。

### B／Sの推移

第1期　　第2期　　第3期

B／Sは、日々増加している会社の財産の状況を決算日時点で表わしている。

---

資産　＝　負債　＋　純資産

---

となり、この算式を**貸借対照表等式**といいます。

# 2-2 「流動資産」と「固定資産」の区別のしかた

## ◉ 流動資産とは事業の対象となる財産のこと

　資産は、大きく分けて2つに分類されます。一つは「**流動資産**」で、もう一つは「**固定資産**」です。

　流動資産とは、事業の対象となる財産を指します。たとえば、会社が仕入れた材料や商品、製造した製品、商品や製品を販売先に販売したときに受け取った手形などです。この、会社の事業を営むときに持つことになる資産を流動資産に分類する基準を「**正常営業循環基準**」といいます。

　また、事業の対象になっていない資産でも、短期貸付金、立替金、前払金など、1年以内に現金に変わる予定のもの（現金そのものや預金も含みます）も流動資産に含まれます。この、1年以内に現金に変わる資産を流動資産に分類する基準を「**1年基準**」(one year rule)といいます。

　なお、流動資産の分類は、まず正常営業循環基準に該当するかどうかで判定し、つぎに1年基準で判定します。たとえば、造船会社が2年間かけて船を造る場合、材料として仕入れた鋼材は、船が完成し納品されてはじめて現金になります。仮に、この鋼材を1年基準だけで判定すると流動資産に分類されませんが、先に正常営業循環基準で判定するため、流動資産として分類されることになります。

## ◉ 固定資産とは長期間にわたり事業に使用する財産のこと

　一方、長い期間にわたって事業に使用する財産を「**固定資産**」といいます。具体的には、機械、工具、社屋や工場（建物）、敷地や駐車場（土地）など、事業を営むために必要な財産を指します。

　また、長期貸付金や子会社への出資金など、金銭的な資産で1年を超えないと現金にならない資産（1年基準で流動資産に該当しない資産）も固定資産に分類されます。さらに、事業に使うソフトウェアな

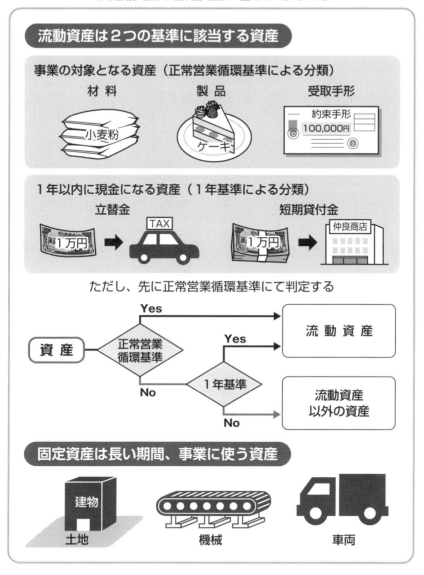

◎流動資産と固定資産に含まれるもの◎

ど、無形の資産も固定資産に含まれます。

　なお、建物や土地などの不動産であっても、不動産会社が販売用として所有するものは固定資産ではなく、棚卸資産（販売不動産）として流動資産に分類されます。

# 2-3 「流動負債」「固定負債」「純資産」の中身は？

## ▶ 流動負債と固定負債の区別のしかたは？

　負債についても、「**流動負債**」と「**固定負債**」に分類されます。

　流動負債は、流動資産と同様に、事業を営むうえで発生する負債です。具体的には、商品や材料を仕入れたときに後払いとした購入代金（買掛金）や、それらの購入代金を支払うために発行した約束手形などです。また、1年以内に現金で支払うことを約束したもの、具体的には短期借入金、預り金や未払金なども流動負債です。

　そして、この流動負債の分類についても流動資産と同様に、正常営業循環基準または1年基準にあてはまるかどうかで判断します。

　これに対して、事業を営むうえで発生する負債ではなく、かつ、1年を超えて支払いが終わる負債（長期借入金・社債など）は「固定負債」といいます。

## ▶ 純資産には自己資本と他人資本がある

　B／Sの貸方には、さらに「**純資産**」があります。

　純資産は、1章で説明したように、出資者（株主）から提供を受けた出資金（資本金）と、過去の利益の蓄え（内部留保）などが主なものです。また、1－5項でも述べたように、資本金は会社の当事者（所有者）である株主の出資した資金であり、内部留保は会社が自ら獲得した資金であることから、これらから構成されている純資産を「**自己資本**」ということもあります（同様に、負債を「**他人資本**」ということもあります）。

　B／Sの貸方に記載された項目は、借方に記載された資産をどのようにしてまかなっているかということを示しています。よって、1－6項で述べた資金収支の概要をこのB／Sから見ることができます（資金収支の詳細は3章で説明します）。

　たとえば、一般的に、自己資本でまかないきれない資産を他人資本

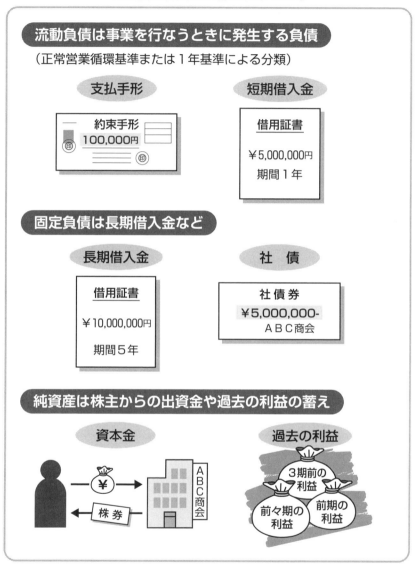

◎負債と純資産に含まれるもの◎

で充てることになるので、他人資本が多い会社は少ない会社に比較して安定的でないと分析することができます。すなわち、経営者は、会社の資産と負債・純資産の状況をB／Sで適宜確認しながら、B／Sをバランスのとれたものにするということが求められています。

# 2-4

## 「比較貸借対照表」で何がわかるのか

### ● 会社は会計期間ごとに利益の計算を行なう

　B／Sは、会社の決算日時点の財産の状況を表わしていますが、それはその決算日の属する会計期間の活動結果を反映しています。

　かつての大航海時代の貿易では、個別の航海ごとに清算を行なって利益を計算していたので、会計期間を定める必要はありませんでした。しかし、会社のしくみができ、会社によって継続的に貿易が行なわれるようになると、人為的に期間を区切り、その期間ごとに利益の計算を行なうようになりました。この人為的に区切られた期間が「**会計期間**」です。

　日本の会社では法令（会社計算規則59条等）によって、**会計期間は1年を超えることができない**と定められており、多くの会社の会計期間は1年となっています。ただし、会計期間が1年以内であれば、会計期間の開始の日と終了の日は、会社が任意に決めることができます。

　会社は、会計期間ごとに利益を計算し、その利益から納税と配当を行ない、その残りを内部留保として会社に蓄えます。そこで、その会計期間の最終日である決算日時点の状況を表わしているB／Sには、その会計期間で得られた新たな利益の蓄えが記載されており、したがって**会計期間の活動の結果が反映されている**ことになります。

　そして、前回の決算日のB／Sと、前々回の決算日のB／Sを比較すると、1年の間にどのように会社の資産・負債・純資産が変化したかを知ることができます。たとえば、内部留保がどれくらい増加したかということだけではなく、新たに店舗を入手すれば固定資産が増加し、その店舗を入手するために長期間の借入をすれば固定負債が増加しています。

　この、2つまたはそれ以上の会計期間のB／Sを並べて表示したものを「**比較貸借対照表**」といいます。会社の資産などの状況はB／Sで把握できるものの、複数の会計期間で比較してみることによって、

## ◎比較貸借対照表のしくみ◎

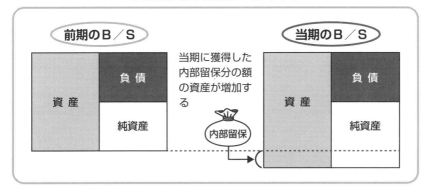

### 【ABC商会の比較貸借対照表】

(単位：千円)

| 科　目 | 前期 | 当期 | 増減 | 科　目 | 前期 | 当期 | 増減 |
|---|---|---|---|---|---|---|---|
| 流動資産 | 21,000 | 24,200 | 3,200 | 流動負債 | 15,000 | 16,100 | 1,100 |
| 　現金 | 1,500 | 1,800 | 300 | 　買掛金 | 3,000 | 3,200 | 200 |
| 　売掛金 | 4,500 | 5,100 | 600 | 　支払手形 | 3,200 | 3,500 | 300 |
| 　受取手形 | 5,000 | 5,800 | 800 | 　短期借入金 | 8,000 | 8,400 | 400 |
| 　棚卸資産 | 10,000 | 11,500 | 1,500 | 　未払金 | 800 | 1,000 | 200 |
| 固定資産 | 12,000 | 12,800 | 800 | 固定負債 | 10,000 | 12,000 | 2,000 |
| 　有形固定資産 | 11,700 | 12,400 | 700 | 　長期借入金 | 10,000 | 12,000 | 2,000 |
| 　　建物 | 3,000 | 3,200 | 200 | 負債合計 | 25,000 | 28,100 | 3,100 |
| 　　車両運搬具 | 700 | 1,200 | 500 | 純資産 | 8,000 | 8,900 | 900 |
| 　　備品 | 2,000 | 2,000 | 0 | 　資本金 | 5,000 | 5,000 | 0 |
| 　　土地 | 6,000 | 6,000 | 0 | 　資本剰余金 | 1,000 | 1,000 | 0 |
| 　無形固定資産 | 200 | 250 | 50 | 　利益剰余金 | 2,000 | 2,900 | 900 |
| 　投資その他の資産 | 100 | 150 | 50 | | | | |
| 資産合計 | 33,000 | 37,000 | 4,000 | 負債・純資産合計 | 33,000 | 37,000 | 4,000 |

過去からの経緯や趨勢を知ることができます。

　このような考察によって、資金収支（☞1－6項）の改善などについて、より正確な対策を検討することができるようになるのです。

# 2-5 「損益計算書」のしくみを知っておこう

### ● 会計期間の収入と支出の金額がわかる

　B／Sと並んで大切な資料に「**損益計算書**」があります。

　損益計算書は、会計期間の開始の日から終了の日までの**収入の合計額と支出の合計額を示す**ものです。この損益計算書は、英語でProfit and Loss Statementといい、その頭文字をとってP／Lといわれることもあります。

　P／Lでは、本来、収入（収益）が右側（貸方）に、支出（費用）が左側（借方）に記載されます（この記載のしかたを**勘定式**といいます）。しかし、現在では、上から収入と支出を順に記載し、最後にそれらの差額の利益を記載する方法（この記載のしかたを**報告式**といいます）を採用する会社が多いようです。いずれの方法で記載されても、内容に違いはありません。

　前述したように、P／Lは会計期間の開始の日から会計期間の終了の日（決算日）まで（通常は1年）のすべての収入とすべての支出を集計したものです。すなわち、会計期間の事業活動を直接的に反映しており、B／Sが決算日時点での財産の状況を表わすものである点と対称的です。

　また、B／Sが示している財産の金額は、次の決算期間に引き継がれますが、P／Lは新しい決算期間に入ると前期の金額を引き継がず、収入と費用は0から加算されていきます（ただし、例外的に、経過勘定（前受収益、前払費用など）は前期から引き継がれることがあります）。

　さらに、前項で触れたように、収入と支出の差額である利益から、配当金と税金を差し引いた残りの内部留保は、決算日に純資産に加えられます（配当と納税は、実際には決算日には行ないませんが、決算日時点の状況で決められます）。

　**決算**とは、このように、その会計期間の収入と支出を集計し、その

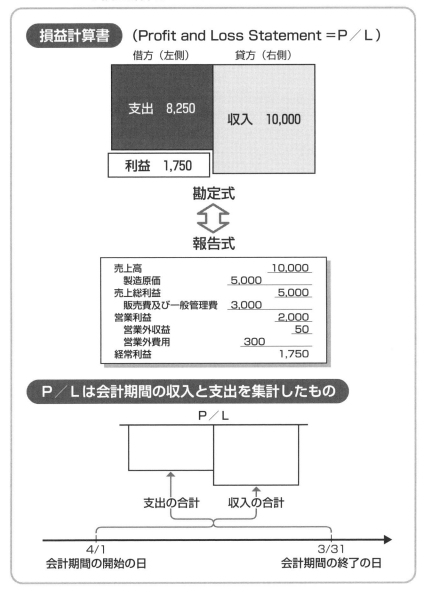

結果得られた利益から配当する金額、納税する金額を明らかにすることであり、それを会計期間の終了する日に行なうことから、その日を**決算日**といいます。

## 2-6 「売上高」「売上原価」「売上総利益」の関係は？

### ▶ P／Lから付加価値の額がわかる

　事業活動で柱となるものは、「ひと」「もの」「かね」のうちの「もの」です。すなわち、製造業であれば材料を仕入れ、製品を製造して販売します。小売業であれば、商品を仕入れて販売します。そして、これらの活動では、製造や販売の過程で材料や商品に価値が加えられています。価値が加えられることで、製品や商品は、材料や商品を購入したときよりも高い価格で販売できるようになります。

　この事業活動によって新たに加えられる価値のことを、「**付加価値**」といいます。付加価値は、事業活動の価値を生み出す機能によって付加されるものであり、どれくらいの付加価値を生み出すかということによって会社の実力が示されます。これは、P／Lに記載される、「**売上高**」と「**製造原価**」または「**売上原価**」、そして「**売上総利益**」で把握することができます。

　売上高は、会社の製品または商品の販売額を示しています。製造原価は、製造業などで製品を製造するために支払った材料費や賃金・経費などです。売上原価は、小売業・卸売業などで販売するための商品の仕入代金です。そして、売上高と製造原価または売上原価の差額が、事業活動によって新たに生み出された付加価値であり、P／Lでは売上総利益として記載されます。これを算式で表わすと、次のとおりです。

> **売上総利益＝売上高－製造原価または売上原価**

　売上総利益は、売上高から製品や商品を得るための費用のみを差し引いたものであるということから、粗利益と呼ばれることもあります。そして、売上総利益がどれくらいあるかということは、事業活動の実力を直接に示すものであり、経営者は売上総利益に常に注視しながら経営に臨むことが大切です。

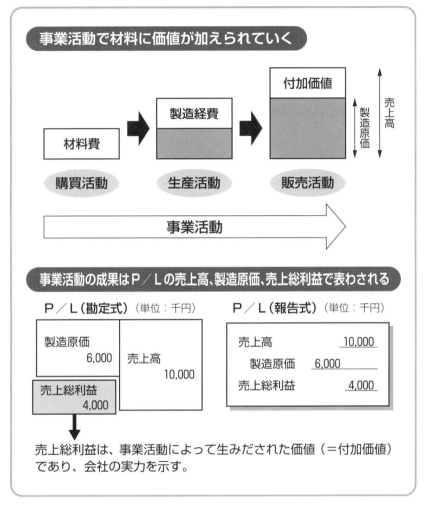

なお、売上総利益は、厳密には付加価値と等しいものではありません。しかし、売上総利益は付加価値に近しい数値であり、本書の内容を容易に理解していただくために、特に断わりのない限り、本書では「売上総利益=付加価値」として説明していきます。付加価値の詳細については、会計についてより理解を深めていただいたのち、学習されますようお願いいたします。

# 2-7 「販売費及び一般管理費」と「営業利益」の関係

## ▶営業利益が"真の利益"といわれるワケ

　事業活動によって発生する費用は、もちろん、製造原価や売上原価だけではありません。製造原価や売上原価は、製品や商品を取得するための直接的な費用ですが、事業活動にともなって発生する間接的な費用は、「**販売費及び一般管理費**」としてP／Lに記載されます。

　販売費及び一般管理費は、文字からもわかるとおり、販売費と一般管理費に分けることができます。このうち販売費は、製品や商品を販売するために要した費用であり、具体的には販売手数料や販売促進費などです。そして一般管理費は、管理部門の活動に要する費用で、具体的には管理部門の従業員の給与、光熱費、旅費交通費、通信費、地代・家賃などです。

　売上高が増えれば製造原価や売上原価もほぼ正比例で増加しますが、この販売費及び一般管理費は、売上高の増加にはあまり影響されず、ほぼ固定的である点が特徴です。売上高に正比例して増加する費用を「**変動費**」、売上高が増加しても金額が変わらない費用を「**固定費**」といいますが、製造原価や売上原価はほぼ変動費、販売管理費及び一般管理費はほぼ固定費ということができます。

　そして、売上総利益から販売費及び一般管理費を差し引いた残りを「**営業利益**」といいます。算式で示すと次のとおりです。

> **営業利益＝売上総利益－販売費及び一般管理費**

　売上総利益は付加価値を生み出す能力を示すものであるのに対し、営業利益は**事業活動そのものから生み出される真の利益**です。事業活動の付加価値を生み出す能力が大きくても、間接的な費用が多いと、真の利益が少なくなってしまうので、経営者は、販売費及び一般管理費にも注視しながら、ムダな費用がないかということに注意することが望まれます。

## ◎販売費及び一般管理費は固定的な費用◎

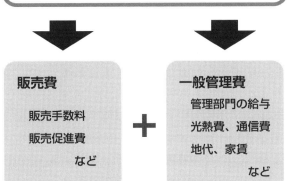

### 販売費及び一般管理費は固定的

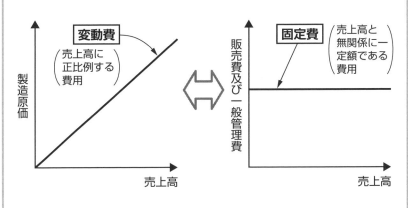

# 2-8 「経常利益」「当期利益」とはどんな利益か？

## ● 経常利益は会社の業績を判断する代表的な指標

　会社には、事業そのもの以外による収益や費用があります。そのうちの一つが、預金をすることによって受け取る利息や、借入れをすることによって支払う利息、すなわち**金融取引による収益や費用**です。

　金融取引によって受け取る収益は「**営業外収益**」といい、受取利息のほか、会社が所有する株式や債券などから得られる配当金、有価証券利息なども含まれます。一方、金融取引によって支払う費用は「**営業外費用**」といい、支払利息のほか、商業手形の割引料、株式や債券などの売却損などが含まれます。

　そして、営業利益に営業外収益を加え、さらに営業外費用を差し引いたものを「**経常利益**」といいます。算式で示すと次のとおりです。

### 経常利益＝営業利益＋営業外収益－営業外費用

　経常利益の「経常」とは、「通常の」という意味で、経常利益は**通常の会社の活動から得られる利益**を指します。本来の事業活動で努力して多くの営業利益を得ることができても、多額の借入れがあると支払利息が増え、経常利益は少なくなってしまうので、金融取引の収支についても経営者は注意が必要です。特に、この経常利益は、会社の業績を判断する代表的な指標として利用されることが多いようです。

## ● 当期利益はその会計期間の最終的な利益

　さらに、会社には通常の活動以外の要因から収益や費用が発生することがあります。たとえば、使わなくなった機械を他社に売却するとします。このとき、機械が帳簿上の価額より高い金額で売れたときは、帳簿上の価額との差額は「**特別利益**」として計上されます。逆に、その機械が帳簿上の価額より安い金額でしか売れなかったときは、その差額は「**特別損失**」として計上されます。

◎経常利益、当期利益の求め方◎

**経常利益**とは
＝
営業利益 ← 事業活動から得られた利益に
　＋ プラス
営業外収益 ← 預金の利息や所有する株式の配当金などを加え
　－ マイナス
営業外費用 ← 借入金の利息や手形割引料などを差し引いたもの

「通常」の「利益」という意味。会社の通常の活動から得られる利益のことで、会社の業績を判断する代表的な指標。

**当期利益**とは
＝
経常利益 ← 会社の通常の活動から得られた利益に
　＋ プラス
特別利益 ← 会社の通常の活動以外から得られた利益を加え
　－ マイナス
特別損失 ← 会社の通常の活動以外から発生した損失を差し引いたもの

会社の最終的な利益。この金額から納税・配当・内部留保を行なう。

　特別利益や特別損失は、通常発生するものではありませんが、会社に帰するものなので、経常利益に加えたり差し引いたりします。この結果、算出された利益額は、会社のその会計期間の最終的な利益である「**当期利益**」といいます。算式で示すと次のとおりです。

当期利益＝経常利益＋特別利益－特別損失

　この当期利益から配当や納税を行ない、残った金額は「内部留保」として会社に蓄えられます。

# 2-9 「比較損益計算書」から何がわかるのか

## ▶ P／LはB／Sよりも動的な決算書類である

2-5項から2-8項までP／Lについて説明してきましたが、P／Lは会計期間の開始の日から終了の日までの収入と支出の合計額を表示しているため、会計期間の終了の日の資産の状況を表わしているB／Sと比較すると、P／LはB／Sよりも動的といえます。

そして、B／Sは常に借方と貸方が同額となりますが、P／Lは**通常は貸方が借方より多くなります**。というのは、事業活動は、収入（貸方）が支出（借方）より多くなるようにすること、すなわち利益（＝収入－支出）を得ることを目的としているからです。

収入と支出の差額、すなわち利益は、決算日時点で算出され、そこから納税と配当を行なった残りの金額を内部留保としてB／Sの純資産に加算します（納税と配当を実施するタイミングは、実際には決算日から2か月程度後に行なわれますが、結果として税金と配当金は社外に流出することになります）。

## ▶ 会社の収入・支出の増加傾向・減少傾向がわかる

この決算が行なわれたP／Lは、新たな会計期間を迎えると、収入の金額も支出の金額もまた新たに0から集計がスタートします。この点もP／Lが動的であるといえるでしょう。

この動的なP／Lも、静的なB／Sと同様に、1年分だけを見るよりも、2年かそれ以上を比較検討するほうが、経営者にとってはより詳しい情報を得ることができます。

1年分のP／Lからは、収入や支出が多いか、または少ないかということのみがわかりますが、2年分以上のP／Lを互いに比較すると、収入や支出が増加傾向か、または減少傾向かという趨勢も把握することができます。

経営者としては、常にこのような考察を行なうことによって、安定

## ◎損益計算書のしくみと比較損益計算書◎

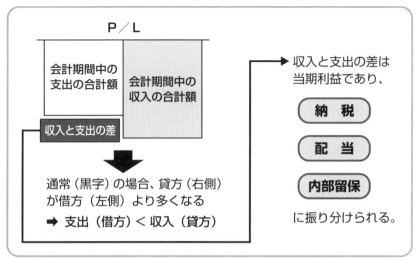

### 【ABC商会の比較損益計算書】

(単位:千円)

| 科　目 | 前期 | 売上比 | 当期 | 売上比 | 増加額 | 増加率 |
|---|---|---|---|---|---|---|
| 売上高 | 30,000 | 100.0% | 36,000 | 100.0% | 6,000 | 20.0% |
| 売上原価 | 15,000 | 50.0% | 17,800 | 49.4% | 2,800 | 18.7% |
| 売上総利益 | 15,000 | 50.0% | 18,200 | 50.6% | 3,200 | 21.3% |
| 販売費及び一般管理費 | 12,000 | 40.0% | 14,500 | 40.3% | 2,500 | 20.8% |
| 営業利益 | 3,000 | 10.0% | 3,700 | 10.3% | 700 | 23.3% |
| 営業外収益 | 150 | 0.5% | 200 | 0.6% | 50 | 33.3% |
| 営業外費用 | 1,500 | 5.0% | 1,850 | 5.1% | 350 | 23.3% |
| 経常利益 | 1,650 | 5.5% | 2,050 | 5.7% | 400 | 24.2% |
| 特別利益 | 0 | 0.0% | 0 | 0.0% | 0 | ― |
| 特別損失 | 50 | 0.2% | 50 | 0.1% | 0 | 0.0% |
| 当期利益 | 1,600 | 5.3% | 2,000 | 5.6% | 400 | 25.0% |

的な利益の獲得や内部金融の強化（☞1－5項）のための対策を検討することができるようになります。

# 2-10 「株主資本等変動計算書」で何がわかるのか

## ◎ 主に利益処分の内容がわかる決算書類

　B／SとP／Lは法令（会社法435条等）によって作成することが規定されていますが、**「株主資本等変動計算書」**（Statements of Shareholders' Equity ＝ S／S）も同様に法令で作成することが定められている財務諸表の一つです。

　S／Sは、**ある会計期間の終了の日からその次の会計期間の終了の日までの純資産の変動を示す**目的で作成されます。このような表現だとわかりにくいと思いますが、言い換えると、**会社の利益のうちいくらが配当に充てられたか、または内部留保されたか**（これを利益処分といいます）を示すものです。

　かつてS／Sに代わるものとして、「利益処分計算書」というものがありました。これは、P／Lに記載された最終的な利益である当期利益（厳密には、当期利益から法人税等の納税額を差し引いた残りの利益）をどのように処分したかということを示すものでした。

　当時の会社法では、利益処分は株主総会によって決められる事柄だったので、その議決された内容が利益処分計算書によって示されていたわけです。

　しかし、平成18年に会社法が改正され、一定の手続きを経ることによって、株主総会の議決がなくても利益処分を行なえるようになりました。そこで、利益処分計算書に代えてS／Sを作成し、その会計期間にどのように利益処分が行なわれ、また純資産がどのように変動したかを報告することが定められたのです。

　S／Sには、厳密には利益処分だけでなく、新たな株式の発行による資本金等の増加、他社を吸収合併したことによる資本金等の増加、自社の株式（自己株式）の取得の状況なども記載されますが、中小企業においてはあまり起きない事柄なので、S／Sはどのように利益処分が行なわれたかが示されている書類と考えて差し支えないでしょう。

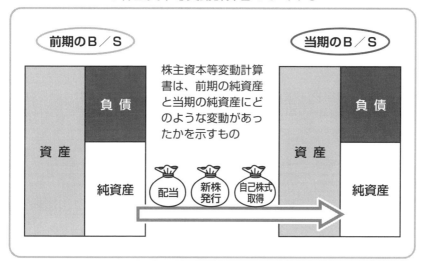

◎株主資本等変動計算書のしくみ◎

【ABC商会の株主資本等変動計算書】　　　　　　　　(単位：千円)

|  | 株主資本 | | | | 純資産合計 |
|---|---|---|---|---|---|
|  | 資本金 | 資本剰余金 | 利益剰余金 | 計 | |
| 前期末残高 | 5,000 | 1,000 | 2,000 | 8,000 | 8,000 |
| 剰余金の配当 |  |  | ▲500 | ▲500 | ▲500 |
| 別途積立金 |  |  |  |  |  |
| 当期純利益 |  |  | 1,400 | 1,400 | 1,400 |
| 当期変動額残高 |  |  | 900 | 900 | 900 |
| 当期末残高 | 5,000 | 1,000 | 2,900 | 8,900 | 8,900 |

　S／Sは、株主総会や役員などによる意思決定の結果を記載するものであり、この書類から事業経営に資するための何らかの情報が得られるものではありませんが、会社の財務諸表の一つであることから、これに記載されている内容については経営者として理解できるようにしておくことは大切です。

# 2-11
# 「キャッシュフロー計算書」とは何か

## ●お金の流れを分析するためのツール

「財務諸表」と呼ばれるものには、B／S、P／L、S／Sのほかに「キャッシュフロー計算書」（Cash Flow Statement＝C／F）が含まれることがあります。ただし、C／Fの作成は会社法では規定されておらず、金融商品取引法79条の70などによって規定されており、法律上の作成の義務があるのは同法の対象となる株式を上場している会社などです。法律上の作成義務の有無にかかわらず、C／Fは会社のお金の流れを分析するためには有意義なツールです。

C／Fは、名前から現金（cash）の流れ（flow）を把握するための計算書であるということがわかりますが、なぜ現金の流れを把握する必要があるのでしょうか？ それは、会社が利益を獲得してもただちに現金が増えるとは限らないからです。

利益は、一般的に製品や商品を販売した時点で得られた（この考え方を**引渡基準**といいます）ものとしてP／Lに記載されますが、その売上代金を約束手形で受け取れば、期日になるまで現金にはなりません。そこで、資金収支（☞1－6項）の維持がうまく行なわれているかどうかを把握するために、C／Fが必要になるのです。

C／Fは、「営業活動」「投資活動」「財務活動」に分けて記載しますが、営業活動では、事業活動による現金の増減を表わしています。たとえば、利益を1,000万円獲得すれば、現金を1,000万円増やす要因になりますが、一方で、受取手形が500万円増えていれば、その分、現金を減らす要因になり、現金は500万円のみ増えたということになります。投資活動では、土地・建物、機械、有価証券などの増減による現金の流出・流入を、財務活動では、借入れの増減、資本金の増減、配当の実施などによる現金の流出・流入を表わしています。

望ましい現金の流れは、**営業活動での流入が多く、投資活動や財務活動では流出が多い状況**です。これは、事業活動による利益が増え、

## ◎キャッシュフロー計算書のモデル◎
【ＡＢＣ商会のキャッシュフロー計算書】

(単位：千円)

| 項　目 | 計算式 | 平成○○年 |
|---|---|---|
| 当期利益（税引前） | a1 | 2,000 |
| 減価償却費 | a2 | 500 |
| 売掛金増加 | a3 | ▲ 600 |
| 受取手形増加 | a4 | ▲ 800 |
| 棚卸資産増加 | a5 | ▲ 1,500 |
| 買掛金増加 | a6 | 200 |
| 支払手形増加 | a7 | 300 |
| 未払金増加 | a8 | 200 |
| 法人税等の支払額 | a9 | ▲ 600 |
| 営業活動によるキャッシュフロー | a=a1+…+a9 | ▲ 300 |
| 建物購入 | b1 | ▲ 500 |
| 車両購入 | b2 | ▲ 700 |
| 備品購入 | b3 | 0 |
| 土地購入 | b4 | 0 |
| 保証金増加 | b5 | ▲ 50 |
| 投資増加 | b6 | ▲ 50 |
| 投資活動によるキャッシュフロー | b=b1+…+b6 | ▲ 1,300 |
| 短期借入による収入 | c1 | 3,600 |
| 短期借入金の返済による支出 | c2 | ▲ 3,200 |
| 長期借入による収入 | c3 | 6,000 |
| 長期借入金の返済による支出 | c4 | ▲ 4,000 |
| 配当金の支払 | c5 | ▲ 500 |
| 財務活動によるキャッシュフロー | c=c1+…+c5 | 1,900 |
| 現金及び現金同等物の増加額 | d=a+b+c | 300 |
| 現金及び現金同等物の期首残高 | e | 1,500 |
| 現金及び現金同等物の期末残高 | f=d+e | 1,800 |

内部金融（☞１－５項）が資金収支に大きく貢献している状態です。

　経営者は、このような現金の流れが実現することをめざすために、Ｃ／Ｆで現金の流れを把握しておくことが大切です。

# 2-12 「資金繰表」はなぜ必要なのか

### ● 日々の現金の増減が把握できる

　Ｃ／Ｆでは、どのように資金収支が維持されているかを把握することができますが、これだけでは日々の資金収支が維持されているかどうかまでは把握できません。そこで、日々の現金の残高を「**資金繰表**」によって把握することも大切です。

　資金繰表は、売上、売掛金、買掛金、給与などの項目が使われている点でＰ／Ｌに似ていますが、資金繰表は現金の動きをもとに作成されている点でＰ／Ｌとは異なります。たとえば、製品や商品を販売した場合、ただちにＰ／Ｌに記載されますが、現金で販売した場合を除いて資金繰表へはただちに記載されず、その製品や商品の販売代金が現金で回収された時点で、「売掛金回収」や「手形取立」に記載されます。

　そして、将来の売上予測にもとづいて、現金の回収見込み、現金の支払い見込みを記入していくと、将来の現金残高の見込みを容易に把握することができるようになります。

　たとえば、大口の受注があり、その製品の販売に先立って材料などを仕入れなければならないという場合は、この資金繰表を作成することによって、いつ材料仕入資金が不足するのか、そして大口販売による売上金はいつ回収されるのか、ということが明確になります。現金が不足する状態になる時期や、現金不足が解消する時期があらかじめわかれば、経営者は前もって資金の不足分を銀行などから調達し、事業活動が停止しないように対策をとることができます。

　また、将来の見込みだけでなく、過去の現金の動きについても資金繰表にすることで、余分な融資を受けていないか、または不意に資金不足に陥るリスクはないか、ということも把握できます。

　このような検証をすることで、日々の資金収支の安定化を図ることも、経営者にとっては大切な役割です。

## ◎資金繰表のモデル◎

### 【ＡＢＣ商会の資金繰表（月次）】

（単位：千円）

| 平成○○年 | 計算式 | 1月 | 2月 | 3月 | 4月 | 5月 | 6月 |
|---|---|---|---|---|---|---|---|
| 前月繰越 | a＝前月のi | 1,008 | 3,652 | 3,099 | 2,674 | 2,254 | 1,797 |
| 経常収入 | b＝b1+b2+b3 | 2,900 | 2,640 | 3,050 | 3,140 | 3,090 | 3,012 |
| 現金売上 | b1 | 300 | 260 | 250 | 260 | 260 | 252 |
| 売掛金回収 | b2 | 1,200 | 1,080 | 1,300 | 1,320 | 1,310 | 1,280 |
| 手形取立 | b3 | 1,400 | 1,300 | 1,500 | 1,560 | 1,520 | 1,480 |
| 経常支出 | c＝c1+…+c6 | 2,750 | 2,586 | 2,868 | 2,953 | 2,940 | 2,844 |
| 現金仕入 | c1 | 300 | 280 | 320 | 330 | 320 | 290 |
| 買掛金支払 | c2 | 800 | 720 | 880 | 920 | 890 | 846 |
| 手形決済 | c3 | 900 | 880 | 920 | 960 | 980 | 964 |
| 給与支払 | c4 | 500 | 480 | 490 | 494 | 496 | 492 |
| 経費支払 | c5 | 200 | 180 | 210 | 200 | 206 | 204 |
| 納税 | c6 | 50 | 46 | 48 | 49 | 48 | 48 |
| 経常収支 | d＝b-c | 150 | 54 | 182 | 187 | 150 | 168 |
| 財務収入 | e＝e1+e2+e3 | 3,000 | 0 | 0 | 0 | 0 | 0 |
| 新規借入 | e1 | 3,000 | | | | | |
| 手形割引 | e2 | | | | | | |
| 預金解約 | e3 | | | | | | |
| 財務支出 | f＝f1+f2+f3 | 506 | 607 | 607 | 607 | 607 | 607 |
| 借入返済 | f1 | 500 | 600 | 600 | 600 | 600 | 600 |
| 利息支払 | f2 | 6 | 7 | 7 | 7 | 7 | 7 |
| 預金積立 | f3 | | | | | | |
| 財務収支 | g＝e-f | 2,494 | ▲ 607 | ▲ 607 | ▲ 607 | ▲ 607 | ▲ 607 |
| 総合収支 | h＝d+g | 2,644 | ▲ 553 | ▲ 425 | ▲ 420 | ▲ 457 | ▲ 439 |
| 翌月繰越 | i＝a+h | 3,652 | 3,099 | 2,674 | 2,254 | 1,797 | 1,358 |

# 2-13 「資金運用表」はなぜ必要なのか

## ● 現金が増減する原因が把握できる

　資金繰表では、時間を追って現金がどれくらいあるのかということは把握できますが、現金の増減の原因をつかむことはできません。そこで、「**資金運用表**」を作成すると、その原因を調べることができます。

　ところで、2-1項でB／Sについて「資産＝負債＋純資産」の算式が成り立つと説明しました。そこで、現金は資産に属する科目ですから、現金の増減があると、現金以外の資産が減少したり、負債や純資産が増加したりするということになります。

　これを表にまとめると、次のとおりです。

| 現金が増えるときの動き | 現金が減るときの動き |
| --- | --- |
| 資産（現金を除く）が減少する | 資産（現金を除く）が増加する |
| 負債が増加する | 負債が減少する |
| 純資産が増加する | 純資産が減少する |

　すなわち、この表の6つの動きが現金を増加させたり減少させたりする原因です。実際の事業活動では、これらの動きが頻繁に起きており、それらの積み重ねが最終的な現金の増減額ということになります。

　そして、資金運用表は、2つの連続する会計期間のB／Sの科目ごとに増減を計算し、これらの6つの動きに分けて表にしたものです。ただし、資金運用表では、現金を増加させる動きを「**資金の調達**」、現金を減少させる動きを「**資金の運用**」といいます。

　また、資金運用表にはさまざまな形式がありますが、上の表のような資産や負債といったくくりではなく、さらに細かい科目に分け、それらの科目を事業そのものから生じる動き（運転資金）、事業のために使う資産から生じる動き（固定資金）、借入れから生じる動き（財務資金）などに分けることによって、より分析を行ないやすい形式のものも多く利用されています。

## ◎資金運用表のしくみとモデル◎

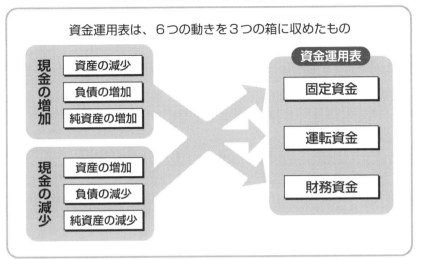

### 【ＡＢＣ商会の資金運用表】

(単位：千円)

| | | 運 用 | | | 調 達 | |
|---|---|---:|---|---|---:|---|
| 固定資金 | 法人税等 | 500 | | 当期利益 | 1,400 |
| | 有形固定資産 | 1,200 | | 減価償却費 | 500 |
| | 無形固定資産 | 50 | | | |
| | 投資等 | 50 | | | |
| | 固定資金余剰 | 100 | | | |
| | 計 | 1,900 | | 計 | 1,900 |
| 運転資金 | 売掛金 | 600 | | 買掛金 | 200 |
| | 受取手形 | 800 | | 支払手形 | 300 |
| | 棚卸資産 | 1,500 | | その他の流動負債 | 200 |
| | | | | 運転資金不足 | 2,200 |
| | 計 | 2,900 | | 計 | 2,900 |
| 財務資金 | 運転資金不足 | 2,200 | | 固定資金余剰 | 100 |
| | 現金増加 | 300 | | 短期借入金増加 | 400 |
| | | | | 長期借入金増加 | 2,000 |
| | 計 | 2,500 | | 計 | 2,500 |

# 2-14 「資金移動表」はどんな役に立つのか

## ● 現金がどうして増減したかが把握できる

　資金運用表では、B／Sの各科目の増減から、現金が増減する原因を調べました。しかし、その現金の増減の経緯までは表わされていないため、日ごろの事業活動と現金の増減結果が、どう結びついているのかがわかりにくくなっています。

　そこで、事業活動でのお金の出入りの結果を示しているP／Lの数値と、B／Sの増減の数値を組み合わせて作成された「**資金移動表**」をみることで、現金の移動の経緯を把握することができるようになります。

　資金移動表を作成するには、2つの会計期間のB／Sから、その増減を調べるところまでは、資金運用表と同じです。さらに、今期のP／Lの数値を加えて作成します。

　次に、B／Sの増減の項目とP／Lの数値を、「事業活動による現金の移動」と「事業以外の活動による現金の移動」に分けます。若干の例外はありますが、B／Sの増減のうち流動資産と流動負債の科目は事業活動による現金の移動です。P／Lでは、売上高、製造原価または売上原価、販売費及び一般管理費、営業外収益、営業外費用は事業活動による現金の移動です。それ以外、たとえば機械を売却して得られた現金（固定資産の減少）は、事業以外の活動による現金の移動です。

　その次に、事業活動による現金の移動を、「現金を増加させる要因」と「現金を減少させる要因」に分けます。ただし、次のような例外があります。

①売掛金・受取手形の増加は、本来は現金を減らす要因だが、増加の要因に入れる。ただし、数値はマイナスをつけて記載（減少したときはマイナスを外して記載）する

## ◎資金移動表のモデル◎

**【ＡＢＣ商会の資金移動表】** （単位：千円）

| | | | | | |
|---|---|---|---|---|---|
| 経常収入 | a=a1+…+a4 | 34,800 | 経常外収入 | d=d1+d2 | 2,400 |
| 売上高 | a1 | 36,000 | 短期借入金増加 | d1 | 400 |
| 売掛金増加 | a2 | ▲600 | 長期借入金増加 | d2 | 2,000 |
| 受取手形増加 | a3 | ▲800 | 経常外支出 | e=e1+…+e6 | 2,450 |
| 受取利息 | a4 | 200 | 法人税等 | e1 | 600 |
| 経常支出 | b=b1+…+b8 | 34,450 | 配当金 | e2 | 500 |
| 売上原価 | b1 | 17,800 | 有形固定資産増加 | e3 | 1,200 |
| 棚卸資産増加 | b2 | 1,500 | 無形固定資産増加 | e4 | 50 |
| 買掛金増加 | b3 | ▲200 | 投資等増加 | e5 | 50 |
| 支払手形増加 | b4 | ▲300 | その他の支出 | e6 | 50 |
| 未払金増加 | b5 | ▲200 | 経常外収支 | f=d-e | ▲50 |
| 販売費及び一般管理費 | b6 | 14,500 | | | |
| 減価償却費 | b7 | ▲500 | | | |
| 支払利息 | b8 | 1,850 | | | |
| 経常収支 | c=a-b | 350 | 現金の増加 | g=c+f | 300 |

> ②逆に、流動負債の増加は、本来は現金を増やす要因だが、減少の要因に入れる。ただし、**数値はマイナスをつけて記載**（減少したときはマイナスを外して記載）する

　資金移動表では、事業活動による現金の移動を「経常収支」といいます。このうち増加の要因を「経常収入」、減少の要因を「経常支出」といいます。また、事業以外の活動による現金の移動を「経常外収支」といいます。

# 2-15 「会計公準」について知っておこう

### ● 会計には３つの基礎的な前提がある

　この章では、財務諸表とそれらに関連する資料について説明してきました。ここで、これらについて理解をより深めていただくために、会計に関する重要な考え方について触れておきましょう。

　その一つが、「**会計公準**」です。会計公準とは、**会計の基礎的な前提**のことで、主なものは以下の３つです。

①**企業実体の公準**
　会社は、多くの出資者が提供した出資金を元手に事業活動を行ないますが、会計の記録は会社を独立した一つの事業体として行なうという前提です（☞１−１項）。

②**継続企業の公準**
　会社は、半永久的に事業活動を行なうという前提のことです。たとえば、５年間使用する機械を購入したときに、それを購入したときの会計期間だけの費用とせず、将来の５年間にわたってその費用を分けることとしているのは、この前提があるからです（☞２−４項）。

③**貨幣的評価の公準**
　会計の記録は、貨幣すなわち金額で表わすという前提です。資産や利益を金額で表わすことによって、多くの会社の評価を統一して行なうことができるようになりますが、逆に、金額で表わせないものについては、会計で記録することはできません（☞１−２項）。

　これらの公準によって、個々の会社のすべての状況を正確に会計で表わすことはできないという制約はありますが、このような前提が多くの人たちの間で共通に認識されていることによって、個々の会社の

◎会計公準とは◎

**企業実体の公準**
会社の会計は株主の財産から独立したものとして記録される

**継続企業の公準**
会社は半永久的に活動するという前提で会計が記録される

**貨幣的評価の公準**
会計の記録は金額で行なう

**会計公準** 会計の基礎的前提。会計を利用する人たちの間での暗黙の同意事項

「ゴーイングコンサーン」ともいう。
「事業を継続する会社」「事業を継続する使命」を指すようにもなっている

状況の多くの部分を会計によって容易に利害関係者に理解してもらえるという利点があります。すなわち、会計は万能ではないものの、便利なツールであるということです。

ちなみに、継続企業の公準は**ゴーイングコンサーン**（going concern）と言われることもあります（goingとは「順調に継続している」、concernとは「会社」または「事業体」という意味）。ゴーイングコンサーンは、本来は「会社は半永久的に事業活動を行なうという前提」を指すものでしたが、現在はそこから発展して「事業を継続させなければならないという会社が担うべき使命・責任」や「事業を継続している会社」を指すようにもなってきています。

# 2-16

# 会計の「一般原則」を理解しておこう

## ● 会計の実務の慣習を要約して策定された原則

　会計公準のほかに、会計に関するもう一つの大切な考え方として、「**一般原則**」があります。

　一般原則は、損益計算書原則、貸借対照表原則とともに、**企業会計原則**の一つです。企業会計原則は、前項で説明した会計公準で示されている前提のもとに、会計の実務の慣習を要約して策定された原則です。

　具体的には、一般原則は以下の7つの基準を示しています。

①**真実性の原則**
　企業会計は、企業の財政状態および経営成績に関して、真実な報告を提供するものでなければならない。

②**正規の簿記の原則**
　企業会計は、すべての取引につき、正規の簿記の原則に従って、正確な会計帳簿を作成しなければならない。

③**資本取引・損益取引区分の原則**
　資本取引と損益取引とを明瞭に区別し、特に資本剰余金と利益剰余金とを混同してはならない。

④**明瞭性の原則**
　企業会計は、財務諸表によって、利害関係者に対し必要な会計事実を明瞭に表示し、企業の状況に関する判断を誤らせないようにしなければならない。

⑤**継続性の原則**
　企業会計は、その処理の原則および手続きを毎期継続して適用し、みだりにこれを変更してはならない。

⑥**保守主義（安全性）の原則**
　企業の財政に不利な影響を及ぼす可能性がある場合には、これ

## ◎会計の一般原則のしくみ◎

会計原則は、会計実務の慣習の要約で、会計公準と会計の手続きを定める規則をつなぐもの

- 会計公準
- 企業会計原則 → 一般原則 / 貸借対照表原則 / 損益計算書原則
- 会計手続き（会社法、金融商品取引法等）

### 一般原則

**真実性の原則**
会計は真実を伝えるもの

**正規の簿記の原則**
会計は正規の手続きで帳簿を作成する

**資本取引・損益取引区分の原則**
資本剰余金と利益剰余金は区分する

**明瞭性の原則**
会計は明瞭に表示する

**継続性の原則**
会計の手続き・原則はむやみに変更しない

**保守主義の原則**
会計は保守的に記録する

**単一性の原則**
会計の記録は単一でなければならない

**重要性の原則**
重要性の乏しい情報は簡便な手続きで記録できる

に備えて適当に健全な会計処理をしなければならない。

⑦**単一性の原則**

株主総会提出のため、信用目的のため、租税目的のため等種々の目的のために異なる形式の財務諸表を作成する必要がある場合、それらの内容は、信頼しうる会計記録にもとづいて作成されたものであって、政策の考慮のために事実の真実な表示をゆがめてはならない。

さらに、一般原則には含まれていませんが、これに準ずる原則があります。

⑧**重要性の原則**

重要性の乏しいものについては、本来の厳密な会計処理によらないで他の簡便な方法によることも、正規の簿記の原則に従った処理として認められる。

経営者は、必ずしもこれらについて詳しく理解しておく必要はありませんが、「**会計は、真実を、正確に、明瞭に、継続性にのっとり、かつ、過大にならない安全な情報を伝えなければならない**」という考え方がこれらの原則に現われています。

すなわち、財務会計は投資家（出資者など）や債権者（銀行など）のために客観性を優先して作成されているということです。これは、1－2項でも少し触れたとおり、経営者の視点では財務会計から得られる情報はもの足りないという一面が、「一般原則」で明文化されているといえるでしょう。

なお、上記⑧の「重要性の原則」は、投資家や債権者の判断がゆがめられない範囲において、簡便な方法が認められるというものです。つまり、会計は投資家や債権者が正しい判断を行なえるようにすることが目的であり、その目的が達成されていれば、すべてその他の原則どおりに行なう必要はないというものです。

# 3章

## 会社の安定性はどのようにチェックするの？

安定性に関する分析のしかたについてみていきます。

# 3-1 「流動比率」で短期的な資金収支が把握できる

### ▶ 流動資産は流動負債の何倍あるか？

　経営者が把握しなければならない事柄として、1-6項で資金収支について説明しましたが、これをB／Sから読み取る方法の一つとして「**流動比率**」という指標がよく使われます。

> 流動比率（％）＝流動資産÷流動負債×100

　これは、主に事業活動にともなって発生する資産である流動資産が、主に事業活動にともなって発生する負債である流動負債の何倍あるかということを示しています。流動資産が多いほど、流動負債の支払いに充てる資金を確保しやすくなるので、この比率は**高いほうが望ま**しいものです。日本の会社の流動比率の**平均は120～130％**といわれていますが、**150％以上あると安心**でしょう。

　流動比率が低くなる現実的な原因の多くは、売掛金や受取手形の金額が少ない場合か、短期借入金が多い場合です。売掛金や受取手形が少ない状態になるのは、採算の得られない取引が多いからであり、これを改善するには、販売価格を上昇させるか、仕入価格を下げる工夫が必要でしょう。

　短期借入金が多い状態になるのは、機械などの設備の購入代金に短期借入金を充てたり、赤字による資金不足を借入金で補ったりしている場合です。短期借入金は1年以内に返済期限が到来する借入金であり、これが多いと事業に必要な資金の手当てを十分に行なうことが難しい状態になります。そこで、短期借入金を減らすための対応として、長期借入金や増資などによる資金調達を増やしたり、事業での採算を改善したりすることが必要になります。

　手元資金が不足するからといって、単純に短期借入金によって資金不足を補うことをしてしまうと、流動比率を低下させることにつながります。バランスのとれた資産を構成するためには、なぜ資金が不足

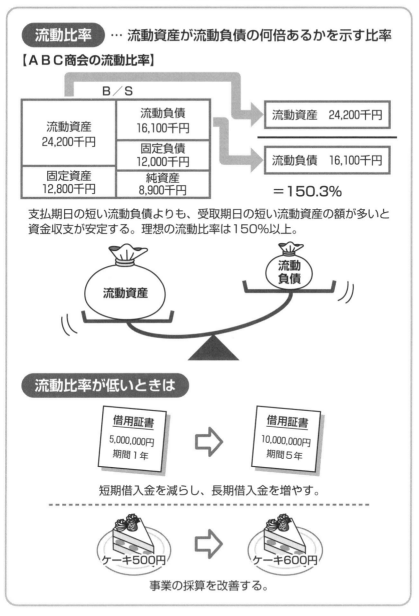

するのかという要因を把握したうえで、適切な資金の調達方法を実践することが大切です。

# 3-2 「固定長期適合率」で長期的な資金収支の安定性がチェックできる

### ● 固定資産は固定負債＋純資産の何割を占めているか

　流動比率は、流動的な資金の安定性を測るものですが、固定的な資金の安定性を測る指標として「**固定長期適合率**」があります。

> 固定長期適合率（％）＝固定資産÷（固定負債＋純資産）×100

　これは、長期間にわたって使用される固定資産が、長期間利用できる資金である固定負債と純資産の合計額に対して、どれくらいの割合を占めているかという指標です。**100％以下であれば安定している**といえますが、**80％以下となることが理想的**です。

　固定長期適合率が高い場合は、短期借入金などを固定資産の調達資金に充てている状況になっていると考えることができます。この状況を改善するためには、長期借入金を増やす、増資をする、不要な固定資産を処分するといった対策を考えるとよいでしょう。なお、当然のことながら、固定長期適合率が高い場合は、同時に流動比率は低い状況なので、**流動比率の改善を行なうと固定長期適合率も改善**されます。

　新たに機械を購入するときは、購入後の固定資金の安定性を前もってみておくことも大切です。それを確かめるには、現時点の固定資産の額に機械の購入代金を加え、また現時点の固定負債の額に機械購入のための長期借入金を加えた数値で、仮の固定長期適合率を計算します。その結果、もし、機械購入後の固定長期適合率が100％に近いかそれ以上だと、固定的な資金のバランスが悪化することになります。これを改善するには、購入代金を減額する、借入金を増やす、増資をするといった対策が必要です。

　なお、固定長期適合率に似た比率に、「**固定比率**」があります。

> 固定比率（％）＝固定資産÷純資産×100

　これは、固定資産を借入れに頼らず、株主の出資した資金や内部留

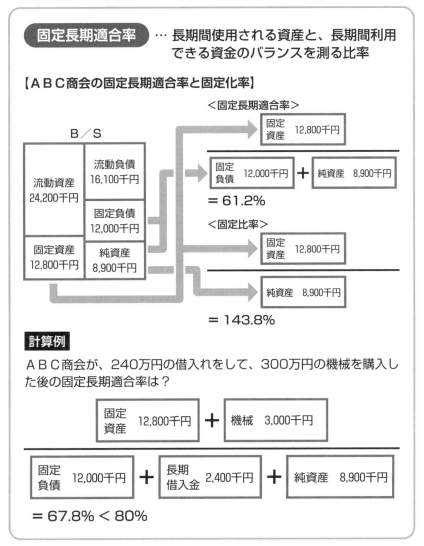

保でどれだけまかなっているかを示す指標です。これも**100％以内におさまることが理想**ですが、日本の会社では160％程度となっているようです。固定比率は低いほうが望ましいですが、固定的な資金が安定しているかどうかは固定長期適合率で確認し、借入金の多さとのかかわり（次項参照）で固定比率をみるようにするとよいでしょう。

# 3-3 「自己資本比率」で資金調達の安定性を確認する

### ● 純資産は負債＋純資産の何割を占めているか

　流動比率と固定長期適合率によって、流動的資金、固定的資金の安定性を把握することができますが、安定的な資金調達を行なうには、負債の金額も考慮する必要があります。

　会社は、出資や借入れなどの負債によって資金を調達しますが、いずれも会社の信用力に応じて限度があります（☞1－6項）。特に、借入れは定められた期間で返済する義務があり、株主からの出資金と比較して安定性が低い資金調達方法です。

　そこで、調達している資金のうち、株主から調達している安定性の高い資金がどれくらいの割合を占めているのかを調べておくことが大切です。それを調べるには「**自己資本比率**」という指標を使います。

---
自己資本比率（％）＝純資産÷（負債＋純資産）×100
　　　　　　　　＝純資産÷資産×100

---

　この数値が高い会社ほど健全な会社であるということができます。日本の中小企業の自己資本比率は、製造業で約25％、流通業で約16％が平均のようですが、**30％以上あることが理想**といえるでしょう。

　もし、自己資本比率が低い場合に、改善する方法はおおよそ2通りあります。

　一つは、**純資産を増やす**方法です。純資産を増やすには、新たな出資を受け入れるか、内部留保を増やすなどの方法があります。現実的には、増資はなかなか難しいので、利益を獲得することで内部留保を厚くすることが、着実な資金の安定化に資することになるといえるでしょう（☞1－5項）。

　もう一つの方法は、**短期借入金や長期借入金を減らす**方法です。しかし、借入金を減らすことも容易にできることではないので、資産のうち、余分な在庫や使っていない資産を処分（売却）し、その分の借

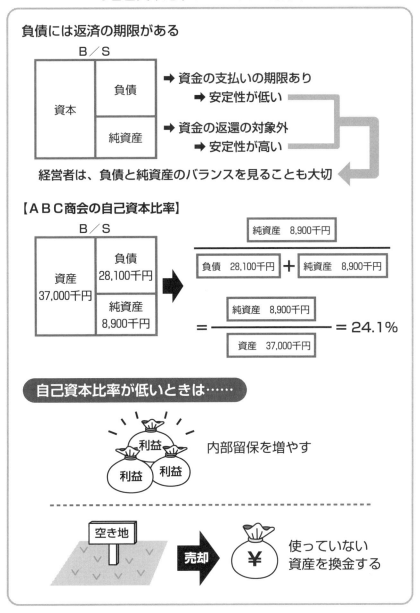

入金を減らすなどして、借入金を必要最小限度にとどめる工夫をするとよいでしょう。

# 3-4 「手元流動性比率」で資金の蓄えを確認する

### ● 現金・預金は平均月商の何割あるか

会社は、利益を得ることが目的であるものの、材料や商品を購入するための資金がなければ、事業活動は停止してしまいます（☞1-6項）。

1年といった会計期間を通じては利益を得ることに注力すべきですが、日々の活動では、材料や商品、経費などの支払代金が底をつかないように注意を払っておくことも大切です。そこで、**ある程度の支払代金を確保しておくことが、その対策の一つ**となります。

それでは、どれくらいの蓄えがあればよいのでしょうか？　それを調べるには、**「手元流動性比率」**という指標をみるとわかります（本書では特に断わりのない限り、1会計期間は12か月と設定しています）。

> 手元流動性比率（月）＝（現金＋預金）÷（売上高÷12）

これは、現金と預金の合計額が平均月商と比較して、どれくらいあるかということを示しています。

手元流動性比率は、**月商の1か月分から1.5か月分あれば妥当**といわれています。ただし、手元流動性比率が1.5か月であれば、必ず安全であると言い切ることはできないので、資金繰表（☞2-12項）で実際に支払いをまかなうことができる状態になっているかどうかを常に確認しておくことも必要です。

### ● 手元流動性比率を改善する方法

では、手元流動性比率を1か月分以上にするにはどうすればよいでしょうか？　そのための確実な方法は、**毎月少しずつ現金を積み立てる**ことです。たとえば、毎月の売上高の5％程度の金額を積み立てれば、1年間で月商の0.6か月分を貯めることができます。もちろん、手元流動性比率が2か月程度になれば、積立てを続ける必要はありま

## ◎手元流動性比率の計算のしかた◎

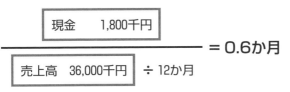

せん。

しかし、利益率があまり高くないために、このような現金の積立てが難しい場合は、**長期借入金を増やすことによって手元流動性を高める**方法が有効でしょう。

そして、手元流動性比率が高くなれば、流動資産が増加し、流動比率（☞3－1項）も高くなることにつながります。

それでは、手元流動性比率は高いほどよいのでしょうか？　実は、これも問題があります。

手元の現金（預金）は、出資金や借入金などでまかなわれており、そのために配当や借入利息などのコストがかかっています。また、現金（預金）は置いておくだけでは利益を生むわけではないので（預金すると利息を受け取ることができますが、一般的には資金を事業に活用することで預金利息より大きな利益を得ることができます）、安全のために必要な金額以上に置いておくことは、ムダが増えてしまうことになります。

そこで、手元流動性比率は**2か月分を目安**とすることが妥当でしょう。それを超えて資金が必要になるかどうかは資金繰表で前もって確かめておき、資金が必要になるときは融資を受けるという対応を行なうことをおすすめします。

# 3-5 「総資本回転率」で効率経営が行なわれているか確認する

## ● 売上高は資産の何倍あるか

　会社が資産を持つにはコストがかかるため、ムダな資産を持たずに事業活動を行なうことが効率的です（☞1－6項）。この効率のよし悪しを測る指標として、売上高を基準に調べる方法があります。それが「**総資本回転率**」です。

$$総資本回転率（回）＝売上高÷資産$$

　これは、売上高が資産の何倍あるかということを示しています。ただし、指標名に「回転率」とあることからもわかるとおり、総資本回転率は、「**売上高は資産が何回転したことによって得られたものなのか**」という見方をするものです。1回転とは、資産の金額と同じ金額の売上高を得ることであり、たとえば、総資本回転率が2回であれば、その会社では資産が2回転する売上高があったということになります。

　総資本回転率の目安は、業種によりさまざまですが、**製造業では1～2回転、流通業では3～5回転**です。そして、この指標についても、複数年の会計期間で比較して、効率が下がる傾向になっていないかということを確認するとよいでしょう。

　また、総資本を流動資産や固定資産に、さらに売上債権（＝売掛金＋受取手形）や棚卸資産に細分化すると、もっと詳細な効率性を分析することができます。なお、総資本回転率と同様に、売上債権の回転率は**売上債権回転率**、棚卸資産の回転率は**棚卸資産回転率**といいます。

## ● 総資本回転期間はどうなっているか

　総資本回転率の逆数を「**総資本回転期間**」といいます。

$$総資本回転期間（月）＝資産÷売上高×12$$

## ◎総資本回転率を求めるモデル◎

(単位:千円・回転)

| 科目 | 前期 | 回転率 | 当期 | 回転率 | 増減 | 科目 | 前期 | 回転率 | 当期 | 回転率 | 増減 |
|---|---|---|---|---|---|---|---|---|---|---|---|
| 流動資産 | 21,000 | 1.4 | 24,200 | 1.5 | 0.1 | 流動負債 | 15,000 | 2.0 | 16,100 | 2.2 | 0.2 |
| 現金 | 1,500 | 20.0 | 1,800 | 20.0 | 0.0 | 仕入債務 | 6,200 | 4.8 | 6,700 | 5.4 | 0.5 |
| 売上債権 | 9,500 | 3.2 | 10,900 | 3.3 | 0.1 | 買掛金 | 3,000 | 10.0 | 3,200 | 11.3 | 1.3 |
| 売掛金 | 4,500 | 6.7 | 5,100 | 7.1 | 0.4 | 支払手形 | 3,200 | 9.4 | 3,500 | 10.3 | 0.9 |
| 受取手形 | 5,000 | 6.0 | 5,800 | 6.2 | 0.2 | 短期借入金 | 8,000 | 3.8 | 8,400 | 4.3 | 0.5 |
| 棚卸資産 | 10,000 | 3.0 | 11,500 | 3.1 | 0.1 | 未払金 | 800 | 37.5 | 1,000 | 36.0 | ▲1.5 |
| 固定資産 | 12,000 | 2.5 | 12,800 | 2.8 | 0.3 | 固定負債 | 10,000 | 3.0 | 12,000 | 3.0 | 0.0 |
| 有形固定資産 | 11,700 | 2.6 | 12,400 | 2.9 | 0.3 | 長期借入金 | 10,000 | 3.0 | 12,000 | 3.0 | 0.0 |
| 建物 | 3,000 | 10.0 | 3,200 | 11.3 | 1.3 | 負債合計 | 25,000 | 1.2 | 28,100 | 1.3 | 0.1 |
| 車両運搬具 | 700 | 42.9 | 1,200 | 30.0 | ▲12.9 | 純資産 | 8,000 | 3.8 | 8,900 | 4.0 | 0.3 |
| 備品 | 2,000 | 15.0 | 2,000 | 18.0 | 3.0 | 資本金 | 5,000 | 6.0 | 5,000 | 7.2 | 1.2 |
| 土地 | 6,000 | 5.0 | 6,000 | 6.0 | 1.0 | 資本剰余金 | 1,000 | 30.0 | 1,000 | 36.0 | 6.0 |
| 無形固定資産 | 200 | 150.0 | 250 | 144.0 | ▲6.0 | 利益剰余金 | 2,000 | 15.0 | 2,900 | 12.4 | ▲2.6 |
| 投資その他 | 100 | 300.0 | 150 | 240.0 | ▲60.0 | | | | | | |
| 資産合計 | 33,000 | 0.9 | 37,000 | 1.0 | 0.1 | 負債・純資産合計 | 33,000 | 0.9 | 37,000 | 1.0 | 0.1 |
| 売上高 | 30,000 | | 36,000 | | | 売上高 | 30,000 | | 36,000 | | |

(※)売上債権=売掛金+受取手形。仕入債務=買掛金+支払手形。

　これは、資産相当額の売上高が得られる期間を月数で示したもので、短いほうが効率的です。また、総資本回転期間と同様に、売上債権回転率の逆数は**売上債権回転期間**であり、棚卸資産回転率の逆数は**棚卸資産回転期間**です。

　回転期間は回転率の逆数であるため、いずれの指標から得られる情報は同じものですが、たとえば「この会社では、在庫(棚卸資産)は3か月分程度が必要だ」といわれるとき、これは棚卸資産の回転期間の目安を示しており、回転期間で表現するほうがなじみのある場合もあるようです。

> 知っとコラム

## 資産の帳簿価額と含み益

　本書では、B／S（貸借対照表）は会社が所有する資産の金額を表わしていると説明してきましたが、厳密には、B／Sは会社が所有する資産の**取得した時点**の金額を表わしています（ただし、一部例外があります）。これについて、おもしろいエピソードがあります。

　少し前の話題になりますが、「阪神甲子園球場の帳簿上の土地の価額は800万円」ということが話題になりました。これは、平成17年10月に大手新聞が「阪神電気鉄道の含み益1,600億円」という記事を掲載したことがきっかけです。

　阪神甲子園球場は大正13年に起工されていることから、それ以前に阪神電気鉄道が球場の土地を購入し、その価額が800万円ということだったのでしょう。そこで、平成18年までは同社のB／Sに800万円として記載されていました。

　阪神電気鉄道は、平成18年10月に阪急阪神ホールディングスの子会社になり、同社の帳簿（平成27年3月期）には、阪神甲子園球場の土地10万平方メートルの価額は約386億3,800万円として記載されています。球場の土地だけで、時価と帳簿価額との差が386億3,000万円あったということになります。そして、このような時価と帳簿価額の差を**含み益**といいます。

　このようなことが起こるのは、2－16項で説明した保守主義の原則の考え方によるものです。

　すなわち、会社の資産の額が増えれば、それは会社にとって利益になりますが、実際に売却するまでその利益は実現しないので、売却しない限りは、利益の計上も資産の額の変更もしないことが原則なのです。

　なお、上記の例では、球場の土地は実際には売却されていませんが、土地の所有者の阪神電気鉄道が阪急阪神ホールディングスの子会社になったので、その時点での土地の価額で親会社の帳簿（有価証券報告書）に記載されています。

# 4章

## 会社の収益性・効率性はどのようにチェックするの？

収益性に関する分析のしかたについてみていきます。

# 4-1 「売上高総利益率」で付加価値の大きさがわかる

### ▶売上高に占める付加価値の割合はどのくらいか

**売上総利益**は、売上高と製造原価または売上原価との差額ですが（☞2-6項）、この原価とは、製品を完成させたり商品を入手したりするために要したコストのことです。このコストは、おおまかにいえば、社外で製造されたり、販売されたりしている状態での価格であり、社内の手が加わっていないものです。この原価は、製造業と流通業で少し異なります。

流通業の考え方は、比較的容易です。すなわち、商品を仕入れた価格そのものが原価です。

### 売上原価＝商品仕入代金

製造業は、流通業に比較してやや複雑です。製品を完成させるには、材料を仕入れる以外にもコストが存在します。具体的には、製造に関わった工具の賃金（労務費）や製造に要した燃料代、光熱費などの費用（経費）などです。そこで、製造業の原価は、材料費に労務費と経費を加えたものとなります。

### 製造原価＝材料費＋労務費＋経費

当然のことですが、製品や商品は原価よりも高い価格で販売されます。会計では、これを、会社の事業活動によって材料や商品に価値が加えられたという考え方をします。この、原価に加えられる価値を**付加価値**ともいいます。この付加価値の大きさが、事業で価値を生み出した能力の大きさを示していることになります。

そして、原価と付加価値の合計額が売上高であることから、**付加価値（≒売上総利益）の金額**は、**売上高に正比例**します。したがって、売上高が増えれば、生み出した価値も大きくなるということになります。

## ◎付加価値のしくみと売上高総利益率◎

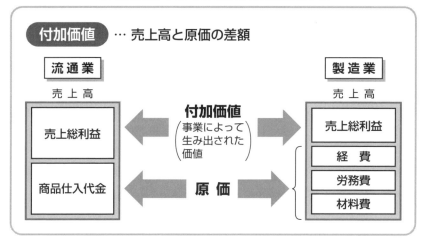

**【ABC商会の売上高総利益率の増減】**　　　　　　　　　　（単位：千円）

|  | 前期 | 売上比 | 当期 | 売上比 | 金額増減 | 比率増減 |
|---|---|---|---|---|---|---|
| 売上高 | 30,000 | 100.0% | 36,000 | 100.0% | 6,000 | 0% |
| 売上原価 | 15,000 | 50.0% | 17,800 | 49.4% | 2,800 | ▲0.6% |
| 売上総利益 | 15,000 | 50.0% | 18,200 | 50.6% | 3,200 | 0.6% |

　しかし、必ずしも売上高が増えた分だけ付加価値が増えるとは限りません。なぜなら、経営環境や外部要因などの変化によって、材料や商品の仕入価格、製品や商品の販売価格などが常に一定とは限らないからです。

　そこで、売上高に占める付加価値の割合をみることで、会社の価値を加える能力の変化を知ることができます。これを、「**売上高総利益率**」（または「**付加価値率**」）といいます。

---
　　　売上高総利益率（％）＝売上総利益÷売上高×100
---

　売上高総利益率をみると、2年の間に売上高が変わっても、価値を加える能力に変わりがないか、確認することができます。

# 4-2 「売上高経常利益率」で通常の事業活動の成果がわかる

### ● 売上高に占める経常利益の割合はどのくらいか

2章で説明したように、P／Lで示されている会社の利益には、売上総利益以外に、「営業利益」「経常利益」「当期利益」があります。これらについて少し復習してみましょう。

一つめの**営業利益**は、売上総利益から、事業活動にともなって発生する間接的な費用、すなわち販売費及び一般管理費を差し引いたもので、会社の本業で生み出した利益を示しています。

二つめの**経常利益**は、営業利益に預金利息などの収入（営業外収益）を加え、借入利息や手形割引料などの支出（営業外費用）を差し引いたものです。会社が事業活動を行なううえで、預金をしたり借入れなどをしたりすることは必要なことであり、一般的に行なわれていることから、経常利益は会社の通常の事業活動を行なう結果としての利益ということになります。

三つめの**当期利益**は、経常利益に本業以外の収入（特別利益）を加え、本業以外の支出（特別損失）を差し引いたものです。本業以外の収入とは、たとえば機械を売却して得られた利益などであり、一方、本業以外の支出とは、たとえば商品が盗難にあって発生した損失などです。そして、この当期利益は会社のあらゆる活動を通しての、当期の最終的な利益を示しています。

これらの3つの利益のうち、**経常利益が会社の評価として最も使われている**ようです。それは、経営者のコントロールが及ぶ会社の通常の事業活動の成果であるからでしょう。

これらの利益が売上高に占める割合をみると、売上高が変化しても利益を生み出す能力に変化がないか確認できます。特に、売上高に占める経常利益の割合のことを「**売上高経常利益率**」といいます。

$$売上高経常利益率（\%）＝経常利益 \div 売上高 \times 100$$

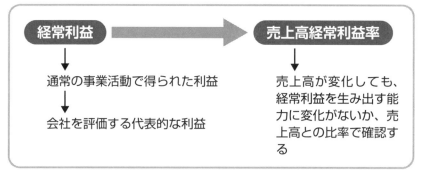

◎売上高経常利益率の推移をみる◎

## 【ABC商会のP/Lと各比率】

(単位:千円)

| | 前期 | 売上比 | 当期 | 売上比 | 金額増減 | 比率増減 |
|---|---|---|---|---|---|---|
| 売上高 | 30,000 | 100.0% | 36,000 | 100.0% | 6,000 | 0.0% |
| 売上原価 | 15,000 | 50.0% | 17,800 | 49.4% | 2,800 | ▲0.6% |
| 売上総利益 | 15,000 | 50.0% | 18,200 | 50.6% | 3,200 | 0.6% |
| 販売費及び一般管理費 | 12,000 | 40.0% | 14,500 | 40.3% | 2,500 | 0.3% |
| 営業利益 | 3,000 | 10.0% | 3,700 | 10.3% | 700 | 0.3% |
| 営業外収益 | 150 | 0.5% | 200 | 0.6% | 50 | 0.1% |
| 営業外費用 | 1,500 | 5.0% | 1,850 | 5.1% | 350 | 0.1% |
| 経常利益 | 1,650 | 5.5% | 2,050 | 5.7% | 400 | 0.2% |
| 特別利益 | 0 | 0.0% | 0 | 0.0% | 0 | 0.0% |
| 特別損失 | 50 | 0.2% | 50 | 0.1% | 0 | 0.0% |
| 当期利益 | 1,600 | 5.3% | 2,000 | 5.6% | 400 | 0.2% |

　たとえば、上表の例でみると、経常利益は40万円増加し、売上高経常利益率も0.2%上昇しています。経常利益の額は増加しており、望ましいことですが、一方で、売上高に占める比率はあまり変化していないということがわかります。

　このように売上高に占める割合についても分析することによって、経営者としてより的確な対応を検討することができるようになります。

# 4-3 「売上高費用比率」で支出管理ができる

### ● 売上高に対する費用の割合はどのくらいか

　ここまで利益に焦点をあててみてきましたが、支出に関して分析を行なうことも会社の収益性を検討するうえでは有効です。また、利益を増やすには、収入を増やすだけでなく、**支出を減らすことも大切**です。むしろ、収入を増やすことはなかなか難しい面があります。

　仮に売上高が増えても、それにともない仕入れ代金や製造費用が多額にかかってしまうという会社は、支出をコントロールして利益を確保することに着目してみましょう。

　支出には、減らしやすいものと、減らしにくいものがあります。**減らしにくい費用とは固定的な費用**で、たとえば、従業員の給与、事務所の家賃や借地の賃料などです。これらは、契約などで決められており、比較的コントロールがしにくいものです。

　一方、**減らしやすい費用とは自らの活動で支出額が決まるもの**です。たとえば、広告の出稿回数を減らせば、広告宣伝費を減らすことができます。ただし、広告の回数を減らせば、売上高の減少にもつながるので、売上高の変化を勘案しながら検討しなければなりません。

　ABC商会の販売費及び一般管理費について、2年間の内訳をみてみましょう。売上高は増加しましたが、地代・家賃、減価償却費などの固定的な費用は、増加割合が売上高ほど高くありません。給与は増加しましたが、これは販売活動の繁忙化による残業代の増加やパートタイマーの増員が原因と考えることができます。

　一方、事業活動の活発化にともなって、水道光熱費、旅費交通費、広告宣伝費、雑費などもそれぞれ増加しています。特に、広告宣伝費は約33％増加しており、これが売上高を押し上げ、かつ、販売費及び一般管理費の増加の大きな要因のようです。

　ところで、各費用の売上高に占める割合を「**売上高費用比率**」といいます。

◎販売費及び一般管理費の内容を検討しよう◎

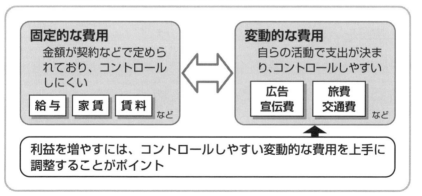

### 【ABC商会のP／Lと各売上高費用比率】
(単位：千円)

|  | 前期 | 売上比 | 当期 | 売上比 | 金額増減 | 増加率 |
|---|---|---|---|---|---|---|
| 売上高 | 30,000 | — | 36,000 | — | 6,000 | 20.0% |
| 販売費及び一般管理費 | 12,000 | 40.0% | 14,500 | 40.3% | 2,500 | 20.8% |
| 給与 | 7,000 | 23.3% | 8,300 | 23.1% | 1,300 | 18.6% |
| 地代・家賃 | 600 | 2.0% | 660 | 1.8% | 60 | 10.0% |
| リース料 | 200 | 0.7% | 240 | 0.7% | 40 | 20.0% |
| 減価償却費 | 450 | 1.5% | 500 | 1.4% | 50 | 11.1% |
| 水道光熱費 | 420 | 1.4% | 490 | 1.4% | 70 | 16.7% |
| 旅費交通費 | 650 | 2.2% | 760 | 2.1% | 110 | 16.9% |
| 広告宣伝費 | 2,400 | 8.0% | 3,200 | 8.9% | 800 | 33.3% |
| 雑費 | 280 | 0.9% | 350 | 1.0% | 70 | 25.0% |

> 売上高費用比率（％）＝費用÷売上高×100

　売上高費用比率で2つの会計期間の費用をみると、売上高と比較して多いか少ないかという分析ができます。固定的な費用は、売上高が増加したため、売上高費用比率は下がっています。一方で、自らの活動で支出額が決まる費用は増加傾向にあります。特に、広告宣伝費の売上高費用比率の増加割合は他と比較して大きく、ややムダな費用となっていると考えられるでしょう。

# 4-4 「総資産経常利益率」で資産の効率性がわかる

## ● 総資産に占める経常利益の割合はどのくらいか

収益に関する分析は、P/Lからだけでなく、B/Sからの情報で行なうことも有用です。なぜなら、資産の額が大きければ、それにともなって出資金や借入金などを調達するためのコストが必要であり（☞1－6項）、なるべく少ない資産でより多くの利益を得ることが効率的であるといえるからです。

そこで、資産と利益の割合を比較して分析してみましょう。ここでは、会社の代表的な利益指標である経常利益を使い、総資産に占める経常利益の割合である「**総資産経常利益率**」を算出してみます。

> 総資産経常利益率（％）＝経常利益÷総資産×100

ＡＢＣ商会の総資産経常利益率は、前期の5.0％から当期の5.5％へと0.5ポイント上昇し、効率性が高まっていることがわかります。さらに、資産の種類ごとに、経常利益が占める割合をみてみると、運用面（資産）では固定資産が13.8％から16.0％へ2.3ポイント上昇し、調達面（負債）では流動負債が11.0％から12.7％へ1.7ポイント上昇していることがわかります。このように、利益と資産（または負債）の比率をみて、効率のよい資産（または負債）を見分ける分析も有効です。

なお、純資産に占める経常利益の割合も重要な指標として多く利用されており、これは「**自己資本経常利益率**」といいます。

> 自己資本経常利益率（％）＝経常利益÷純資産×100

ＡＢＣ商会では、前期の20.6％から当期は23.0％へ2.4ポイント上昇しており、自己資本経常利益率からみても効率性が高まっていることがわかります。

この自己資本経常利益率は、出資者（株主）が提供した資金に対してどれくらいの利益が得られたかを示すものであり、株主からみて「ど

◎資産、純資産に対する経常利益の割合は？◎

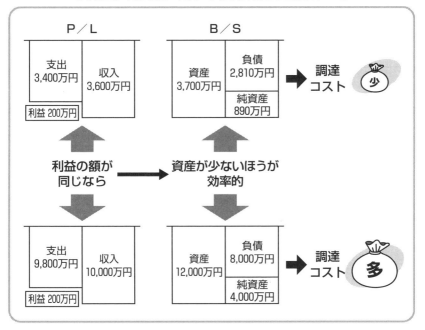

【ABC商会の要約B／Sと各経常利益率】　　　（単位：千円）

| 科　目 | 前期 | 利益率 | 当期 | 利益率 | 増減 | |
|---|---|---|---|---|---|---|
| 流動資産 | 21,000 | 7.9% | 24,200 | 8.5% | 0.6% | 総資産経常利益率 |
| 固定資産 | 12,000 | 13.8% | 12,800 | 16.0% | 2.3% | |
| 資産合計 | 33,000 | 5.0% | 37,000 | 5.5% | 0.5% | |
| 流動負債 | 15,000 | 11.0% | 16,100 | 12.7% | 1.7% | |
| 固定負債 | 10,000 | 16.5% | 12,000 | 17.1% | 0.6% | |
| 負債合計 | 25,000 | 6.6% | 28,100 | 7.3% | 0.7% | |
| 純資産 | 8,000 | 20.6% | 8,900 | 23.0% | 2.4% | 自己資本経常利益率 |
| 負債・純資産合計 | 33,000 | 5.0% | 37,000 | 5.5% | 0.5% | |
| 経常利益 | 1,650 | ― | 2,050 | ― | ― | |

れくらいの配当が期待できるか」ということを知るための指標にもなっています。

# 4-5 「財務レバレッジ」で何がわかるのか

## ● 資産は純資産の何倍あるか

前項で自己資本経常利益率について説明しましたが、この比率の算出式は次のように展開することができます。

> 自己資本経常利益率(％)＝経常利益÷純資産×100
> 　　　　　　　　　　　＝(経常利益÷資産)÷(純資産÷資産)
> 　　　　　　　　　　　＝総資産経常利益率÷自己資本比率

この式からもわかるように、自己資本経常利益率は総資産経常利益率を自己資本比率で割ることによって求められます。したがって、もし、経常利益と資産の金額が変わらないとすれば、自己資本比率が低い、すなわち資産に占める純資産の金額が少ないほど自己資本経常利益率は高くなり、経営の効率性は高くなるということがいえます。

3-3項で「自己資本比率は高いほど健全である」と説明しました。上記の自己資本比率が低いと効率性が高くなるという説明と矛盾しているように感じられます。

結論からいえば、**健全性と効率性はトレードオフにある**ということです。健全性を高めるために自己資本比率を高めれば健全になりますが、純資産に占める経常利益の割合は少なくなります。しかし、効率性を高めるために借入金を増やすと健全性が低くなります。明確な線引きはできませんが、健全性と効率性のバランスをどのようにとるかということを決めることも、経営者としては大切な役割です。

ところで、資産が純資産の何倍あるかという比率を「**財務レバレッジ**」といいます。

> 財務レバレッジ＝資産÷純資産

レバレッジのレバー (lever) とは「てこ」のことで、レバレッジ (leverage) は「てこの作用」という意味です。そして、財務レバレ

## ◎財務レバレッジを検証してみよう◎

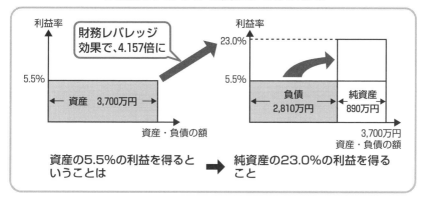

### 【ABC商会の財務レバレッジと自己資本経常利益率】
（単位：千円）

| 科　目 | 計算式 | 前　期 | 当　期 | 増　減 |
|---|---|---|---|---|
| 資産 | a | 33,000 | 37,000 | 4,000 |
| 負債 | b | 25,000 | 28,100 | 3,100 |
| 純資産 | c | 8,000 | 8,900 | 900 |
| 経常利益 | d | 1,650 | 2,050 | 400 |
| 総資産経常利益率 | e＝d÷a | 5.0% | 5.5% | 0.5% |
| 自己資本比率 | f＝c÷a | 24.2% | 24.1% | ▲0.2% |
| 財務レバレッジ | g＝a÷c | 4.125 | 4.157 | 0.032 |
| 自己資本経常利益率 | h＝d÷c | 20.6% | 23.0% | 2.4% |

ッジは、借入金などの負債をてこのように活用することによって、純資産だけで得られる利益の何倍の利益を得ることができるのかということを示しており、このような効果を**財務レバレッジ効果**といいます。

さらに、財務レバレッジは自己資本比率の逆数であり、これを自己資本経常利益率の計算式に代入することによって、財務レバレッジ効果について理解しやすくなります。

> 自己資本経常利益率（％）＝総資産経常利益率×財務レバレッジ

この式から、財務レバレッジが高いほど自己資本経常利益率は高くなることがわかります。

# 4-6 「デュポン方式」って何だろう

### ● 収益性と効率性をあわせてチェックすることができる

　自己資本経常利益率をはじめとする自己資本と利益の比率に関する指標は、資金を提供している株主からみた投資の効率性の高さを示すものであり、多くの会社で重視されている指標です。したがって、この指標を高めることが経営者に求められている役割の一つです。

　また、前項で説明したように、自己資本経常利益率は総資産経常利益率と財務レバレッジを因数として分解することができます。さらに、これらの因数を分解していくことによって、さまざまな改善のポイントを明確にすることができ、経営者にとってもこのような方法で管理を行なうことは有用です。

　この考え方にもとづいて、米国の化学会社であるデュポン社が1919年に自己資本当期利益率の計算式を展開した管理システムを考案しました。これは、「**デュポン方式**」（De Pont Method）と呼ばれています。

　デュポン方式では、まず自己資本当期利益率を売上高当期利益率、総資本回転率と財務レバレッジに展開します。

　　自己資本当期利益率＝当期利益÷純資産
　　　＝（当期利益÷売上高）×（売上高÷資産）×（資産÷純資産）
　　　＝売上高当期利益率×総資本回転率×財務レバレッジ

　自己資本当期利益率の因数である売上高当期利益率、総資本回転率は、これまで説明してきたように、さらに細分化することができます。

　　売上高当期利益率＝当期利益÷売上高
　　　＝（売上高－売上（製造）原価－販売費－一般管理費＋営業外
　　　　収益－営業外費用＋特別利益－特別損失）÷売上高
　　総資本回転率＝1÷（総資本回転期間）＝1÷（売上債権回転期間
　　　　＋棚卸資産回転期間＋固定資産回転期間）

　このデュポン方式によって、これまで説明してきた収益性を分析するための比率との関連が明確になります。会社の収益性を改善すると

◎デュポン方式の算式のしくみ◎

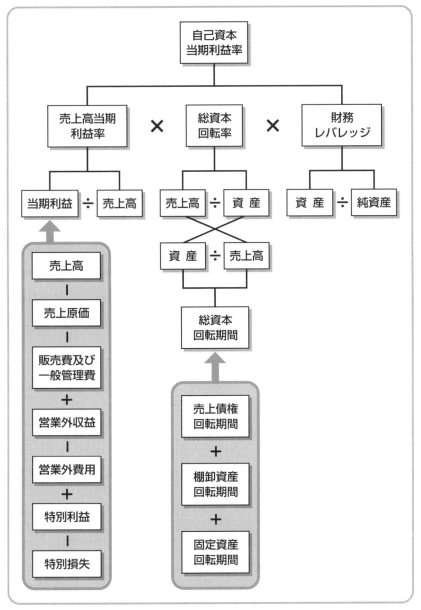

きには、指標との関連を把握したうえで体系的に実行することが効果を高めることになるでしょう。

> **知っとコラム**

## 利益は意見。現金は事実。

　財務会計、特にP／L（損益計算書）は、利益を計算することが目的です。その一方で、利益が得られていれば資金不足にはならないかというと、必ずしもそうとは限らないこともまま起きています。

　このことは、2-11項のC／F（キャッシュフロー計算書）でも説明しましたが、一般的に、利益をP／Lに計上する日よりも、その利益が現金になる日のほうが遅いことが多いからです。

　そして、利益と現金の特徴について、「**利益は意見。現金は事実。**」といわれることがあります。

　すなわち、現金がいまいくらあるかということは、客観的に示すことができますが、利益はいくら得られたかを客観的には示すことができないということです。

　具体的には、現金はお札や硬貨そのものや、銀行の預金通帳などを見せることで、客観的な金額を単純に示すことができますが、利益の金額を示すことはやや複雑です。

　たとえば、売掛金や受取手形のうち、何パーセントかは回収できず、損失となる可能性があります。また、在庫についても何パーセントかは品質が劣化し、その分を損失として認識しなければなりません。

　しかし、回収できない金額や劣化による損失の金額を客観的に示すことは難しいものです。これらについては、実務的には過去の実績から合理的な金額を見込むことが行なわれていますが、この見込みの段階で経営者の主観が入る余地は避けられないようです。

　これは難しいことではありますが、利益の金額の客観性を高めることが財務諸表の信頼性を高めることになり、それは会社の事業の信頼性を高め、ひいては経営者の手腕の評価を高めることにもなる、と私は考えています。

# 5章

## 会社の付加価値と生産性はどのようにチェックするの？

付加価値を生み出す能力が生産性です。

# 5-1

## 「付加価値」はどれくらいあるか

### ▶付加価値は必ずしも売上総利益と一致しない

　「付加価値」とは、4－1項でも少し触れましたが、言葉どおり「付加された価値」という意味で、一般的にも「付加価値を高める」というように使われます。ただし、会計上は、外部から購入した材料や商品の価格と、材料を加工して完成した製品や商品を販売したときの価格との差を付加価値といいます。

　パンの製造会社A社の例で説明しましょう。

　A社では、小麦粉を材料としてパンを製造しています。小麦粉からパンをつくるには、まず生地をつくり、それをオーブンで焼いてから袋で包装します。このようにして完成したパンを販売するときに、その販売価格と、材料である小麦粉の購入価格との差が、A社が小麦粉に付加した価値である「付加価値」です。

　A社では、パンの製造作業をしてもらう従業員に給料を支払っています。また、パンを焼くオーブンには燃料費がかかり、工場の電気代などの光熱費もかかります。これらの労務費（工場で働く従業員の給料）や経費（燃料費や光熱費など）は、P／Lでは製造原価に含まれていますが、付加価値の考え方では、これらの費用は付加価値から控除しません。そのため、製造業では売上高と製造原価の差である売上総利益と付加価値は等しくなりません。

　次に、A社のパンを購入して小売りをしているB社の付加価値はどうなるでしょうか。

　B社は、A社から仕入れたパンを店頭に並べ、一般顧客に販売しています。この場合、A社からの仕入価格と顧客への販売価格の差が「付加価値」です。

　小売業では、商品を販売するために店員を雇い、給料を支払いますが、その給料は販売費及び一般管理費としてP／Lに記載されます。そのため、小売業では商品の仕入価格は売上原価と等しくなり、した

## ◎製造業と小売業の付加価値を比較してみると◎

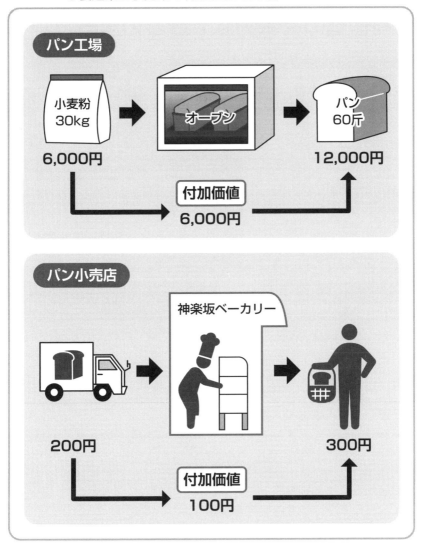

　がって、売上高と売上原価の差である売上総利益は付加価値と等しくなります。

　付加価値は、会社がどれくらいの価値を生み出したかという観点から測定するもので、収入と支出の差である利益とは必ずしも一致するものではありません。

# 5-2 付加価値の代表的な2通りの求め方

## ●中小企業庁方式と日銀方式の違い

付加価値は、管理会計の考え方にもとづく指標であり、財務会計の手続きで作成されるP／Lには示されていません。そこで、一般的にはP／Lの数値から間接的に付加価値の額を求めることが多いようです。

その求め方にはさまざまなものがありますが、代表的な求め方は2通りあります。一つは「**中小企業庁方式**」とよばれるものです。

> 中小企業庁方式による付加価値額（加工高）
> ＝生産高－（直接材料費＋買入部品費＋外注加工費＋補助材料費）

これは、外部から購入した材料や商品などの金額を売上高から差し引くことで付加価値額を求めるという考え方によるもので、減算法あるいは控除法ともいわれます。

もう一つの求め方は「**日銀方式**」とよばれるものです。

> 日銀方式による付加価値額
> ＝経常利益＋人件費＋金融費用＋賃借料＋租税公課＋減価償却費

これは、外部から購入した材料や商品などにあてはまらないものを足し合わせて付加価値額を求めるという考え方によるもので、加算法あるいは積上げ法ともいわれます。

この2つの方式では、中小企業庁方式で求めた付加価値額のほうが大きくなります。どちらが正しいということはないので、会社の実情に応じて求めやすい方法を利用するとよいでしょう。

なお、4－1項では、売上総利益を付加価値の近似値として説明しています。会計について学び始めて間もない方は、「付加価値額＝売上総利益」として分析を行なっても差し支えない（特に流通業において）でしょう。次項からの付加価値に関する分析も、「付加価値額＝

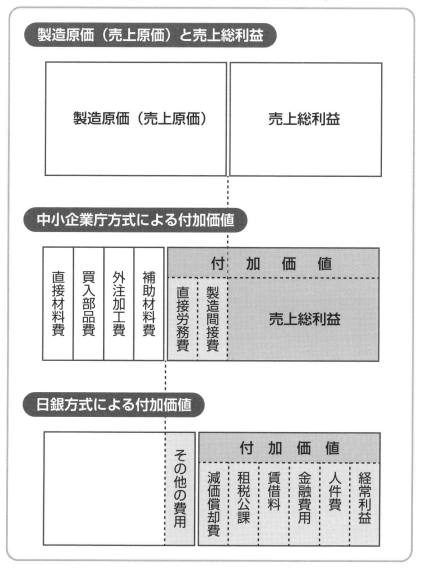

売上総利益」として分析しても大きな趨勢に変わりはありません。会社の分析について詳細に行ないたいという段階に至った場合は、前述の方法によって求めた付加価値額を利用して分析を行なうことをおすすめします。

# 5-3 「労働分配率」で付加価値に占める人件費割合がわかる

## ● 人件費総額は付加価値の60％以内におさまるように

　付加価値は、事業活動によって生み出されるものであり、事業活動を支えている「ひと」（人件費）と「もの」（固定資産）とのかかわりを分析することがポイントになります。その分析を行なうための指標の一つが「**労働分配率**」です。

> 労働分配率（％）＝人件費÷付加価値×100

　これは、人件費が付加価値に占める割合を示しています。業種によって違いがありますが、おおよそ**40％～60％**が妥当でしょう。

　ところで、4-3項で売上高と人件費を比較する分析手法について説明しました。この分析についても重要ですが、売上高には材料や商品など、外部から調達するものの金額も含まれていることから、人件費についてはそれを支払う源泉となる付加価値を基準に分析するほうがより妥当であるといえます。

　もちろん、給料（人件費）を受け取っている従業員からすれば、付加価値の何％が人件費に充てられているのかということよりも、給料の金額そのものへの関心のほうが高いでしょう。そこで、実際に給料の額を決めるにあたっては、他社の平均的な給料の金額も参考にしなければなりません。

　そのうえで、支払おうとする人件費の総額が付加価値の60％を超えることになりそうであれば、その会社の体質はあまりよくないということになります。逆の言い方をすれば、支払おうとする人件費の総額は付加価値の60％以内におさまるようでなければ、会社は適正な利益を確保することは難しいといえます。

## ● 人件費は少なければよいのか？

　では、労働分配率が低い、すなわち人件費が少ないほうが会社にと

ってよい状態なのでしょか？　たしかに、会計的な観点からは、人件費は少ないほうが望ましいといえますが、現実には人件費が少なくなるほど従業員たちの士気が下がったり、よい人材を確保することが困難になったりするなど、業績を押し下げることが懸念されます。したがって、人件費の妥当性については、会計的な観点だけによらず、他の視点も織り交ぜて判断することが求められます。

そして、人件費は、一般的には金額を下げにくい下方硬直的な費用であることから、業績の改善は付加価値額を増やすことによって行なわれることが多いようです。

このような状況からも、人件費の原資となる付加価値をどれくらい生み出せるのかということが、事業の発展にとっては重要な要素になっているという一面が表われています。このことは、労働分配率の計算式を展開することで理解が容易になります。

> 労働分配率＝人件費÷付加価値
> 　　　　　＝（人件費÷売上高）÷（付加価値÷売上高）
> 　　　　　＝売上高人件費率÷売上高付加価値率

この式からも、人件費が一定であるとすれば、売上高付加価値率を高めることによって労働分配率は低くなるということがわかります。ちなみに、ＡＢＣ商会の労働分配率は下表のようになります。

【ＡＢＣ商会の付加価値と労働分配率】　　　　　　　（単位：千円）

|  | 計算式 | 前期 | 当期 | 増減 |
|---|---|---|---|---|
| 売上高 | a | 30,000 | 36,000 | 6,000 |
| 付加価値 | b | 15,000 | 18,200 | 3,200 |
| 人件費 | c | 7,000 | 8,300 | 1,300 |
| 売上高付加価値率 | d=b÷a | 50.0% | 50.6% | 0.6% |
| 売上高人件費率 | e=c÷a | 23.3% | 23.1% | ▲0.2% |
| 労働分配率 | f=c÷b | 46.7% | 45.6% | ▲1.1% |

※付加価値は控除法で算出。ＡＢＣ商会は流通業のため、売上原価に人件費は含まれない。

# 5-4 「労働生産性」で社員の働き具合がわかる

### ● 従業員1人あたりの付加価値はどのくらいか

付加価値と「ひと」との関わりを分析する指標として、前項で説明した労働分配率のほかに、「**労働生産性**」がよく使われます。

> 労働生産性＝付加価値÷従業員数

これは、従業員1人あたりの付加価値額を示すもので、高いほど望ましく、**製造業で1,000万円程度、卸売業で1,200万円程度、小売業で800万円程度**といわれています。

ＡＢＣ商会では、売上高、付加価値とも当期は増加していますが、従業員1人あたりの売上高は前期と同額であるのに対し、労働生産性はやや向上しています。このように、労働生産性の推移をみることで、「ひと」に関する効率性の改善のポイントがどこにあるのかということがわかります。

それでは、従業員の貢献の度合いを高めるためにはどうすればよいでしょうか？　これも、労働生産性の計算式を展開することで理解が容易になります。

> 労働生産性＝付加価値÷従業員数
> 　　　　　＝（付加価値÷売上高）×（売上高÷従業員数）
> 　　　　　＝売上高付加価値率×従業員1人あたり売上高

この式から、労働生産性を高くするには、「**①付加価値率を高める**」「**②従業員1人あたりの売上高を増やす**」という2つの方法があることがわかります。

①の付加価値率を高めるには、販売する製品や商品の性能や魅力を高め、価格を引き上げることになります。しかし、価格を引き上げることは容易ではなく、従業員1人あたりの売上高を増やすという②の方法をとる会社が多いようです。

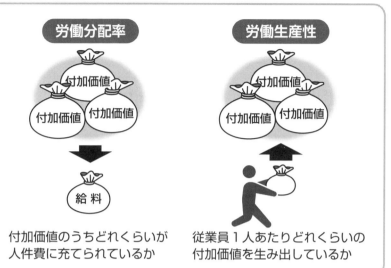

◎労働分配率と労働生産性の違い◎

**労働分配率**: 付加価値のうちどれくらいが人件費に充てられているか

**労働生産性**: 従業員1人あたりどれくらいの付加価値を生み出しているか

【ABC商会の売上高と労働生産性】 （単位：千円・人）

|  | 計算式 | 前期 | 当期 | 増減 |
|---|---|---|---|---|
| 売上高 | a | 30,000 | 36,000 | 6,000 |
| 付加価値 | b | 15,000 | 18,200 | 3,200 |
| 従業員数 | c | 2.5 | 3.0 | 0.5 |
| 売上高付加価値率 | d=b÷a | 50.0% | 50.6% | 0.6% |
| 従業員1人あたり売上高 | e=a÷c | 12,000 | 12,000 | 0 |
| 労働生産性 | f=b÷c | 6,000 | 6,067 | 67 |

※勤務時間数を勘案し、パートタイマーは0.5人として換算。前期は正社員2人、パートタイマー1人。当期は正社員2人、パートタイマー2人。

　とはいえ、従業員1人あたりの売上高を増やすには、当然、何らかの工夫が必要になります。その代表的なものは機械化を進めることですが、次項ではその機械化と労働生産性の関係について説明します。

# 5-5 「労働装備率」で機械化の進み具合がわかる

### ● 従業員1人あたりの固定資産はどれくらいか

前項で、労働生産性を高める工夫としての機械化について触れましたが、機械化に関する指標として「**労働装備率**」というものがあります。

> 労働装備率＝固定資産÷従業員数

労働装備率とは、従業員1人あたりの固定資産の金額のことで、事業において機械化による合理化がどれくらい進んでいるかということの目安となる指標です（労働装備率は「有形固定資産÷従業員数」で計算されることもありますが、本書では理解を容易にする観点から、「固定資産÷従業員数」として説明します）。

それでは、機械化の進み具合、すなわち労働装備率の高さと労働生産性の関係についてみてみましょう。これは、労働生産性の計算式を展開することで明らかになります。

> 労働生産性＝付加価値÷従業員数
> ＝（付加価値÷売上高）×（売上高÷固定資産）×（固定資産÷従業員数）
> ＝売上高付加価値率×固定資産回転率×労働装備率

この式からわかるように、労働装備率が高くなれば、労働生産性も高くなります。すなわち、合理化を進めることが労働生産性を高めるカギとなるわけです。

ただし、単純に機械化を進める、すなわち固定資産を増やせばよいかというと、必ずしもそうとは限りません。なぜなら、労働装備率を高めるために固定資産の金額を増やせば、固定資産回転率が低くなり、それは労働装備率の効果を押し下げ、労働生産性を低くすることになるからです。

機械化による固定資産の増加は、**付加価値を高めることに効果が得**

## ◎労働装備率の考え方と分析例◎

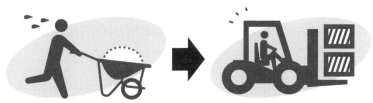

- **労働装備率** … 従業員1人あたりの固定資産の金額
- 労働装備率は労働生産性を高める
- 機械化だけでなく人員削減も大切

【ABC商会の労働装備率と生産性】 (単位:千円・回)

|  | 計算式 | 前期 | 当期 | 増減 |
|---|---|---|---|---|
| 売上高 | a | 30,000 | 36,000 | 6,000 |
| 付加価値 | b | 15,000 | 18,200 | 3,200 |
| 固定資産 | c | 12,000 | 12,800 | 800 |
| 従業員数 | d | 2.5 | 3.0 | 0.5 |
| 労働生産性 | e=b÷d | 6,000 | 6,067 | 67 |
| 売上高付加価値率 | f=b÷a | 50.0% | 50.6% | 0.6% |
| 固定資産回転率 | g=a÷c | 2.50 | 2.81 | 0.31 |
| 労働装備率 | h=c÷d | 4,800 | 4,267 | ▲533 |

られるかどうかを見極めることが必要です。また、機械化と同時に従業員数を削減することによって、労働装備率や労働生産性を高めることが望ましいでしょう。

# 5-6 「資本生産性」でものの付加価値が把握できる

### ● 生み出した付加価値は固定資産のどれくらいの割合か

　付加価値に関する分析について、もう一つの視点である「もの」（固定資産）との関わりについて考えてみましょう。

　5-3項で、付加価値と「ひと」との関わりを分析する指標として労働分配率について説明しましたが、「もの」との関わりについてこれに相当する指標が**資本生産性**です。

> 資本生産性（％）＝付加価値÷固定資産×100

　これは、その会社が生み出した付加価値が固定資産のどれくらいの割合かを示す指標で、**大きいほど望ましい**といえます。

　なお、資本生産性は、流動資産を含めた資産全体に占める付加価値の割合（資本生産性＝付加価値÷資産）を指すこともあります。この場合、資本生産性に対して固定資産に占める付加価値の割合は**設備生産性**と呼ばれます。

　さらに、設備生産性は有形固定資産に占める付加価値の割合（設備生産性＝付加価値÷有形固定資産）を指すこともあります。本書では理解を容易にするために、固定資産に占める付加価値の割合を資本生産性として説明していきます。

　ところで、前項で労働生産性と労働装備率の関わりについて説明しましたが、労働生産性は資本生産性と労働装備率の積でもあります。

> 労働生産性＝付加価値÷従業員数
> 　　　　　＝（付加価値÷固定資産）×（固定資産÷従業員数）
> 　　　　　＝資本生産性×労働装備率

　この式をみると、労働生産性を高めるには資本生産性と労働装備率をそれぞれ高めればよいように思えます。しかし前項でも触れたように、労働装備率を高める、すなわち固定資産を増やすと資本生産性は

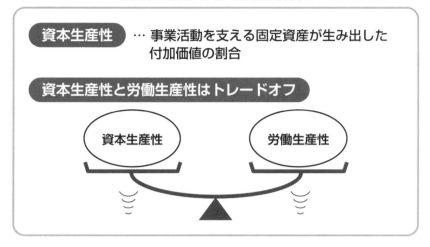

## ◎資本生産性の考え方と分析例◎

**【ABC商会の資本生産性】**　　　　　　　　　　　　　　　　（単位：千円・人）

|  | 計算式 | 前　期 | 当　期 | 増　減 |
|---|---|---|---|---|
| 付加価値 | a | 15,000 | 18,200 | 3,200 |
| 固定資産 | b | 12,000 | 12,800 | 800 |
| 従業員数 | c | 2.5 | 3.0 | 0.5 |
| 労働生産性 | d＝a÷c | 6,000 | 6,067 | 67 |
| 労働装備率 | e＝b÷c | 4,800 | 4,267 | ▲533 |
| 資本生産性 | f＝a÷b | 125.0％ | 142.2％ | 17.2％ |

低くなるので、**付加価値を高める効果のある範囲で機械化を進めなければならない**ということに注意が必要です。

　このことからもわかるように、**資本生産性と労働生産性はトレードオフの関係**にあります。つまり、労働生産性を高めるために機械化を進めれば資本生産性は低くなり、逆に資本生産性を維持しようとすれば労働生産性は高くなりません。したがって、資本生産性や労働生産性の分析は、一方のみで行なうことなく、2つの指標の均衡がとれているかどうかという観点から分析することが大切です。

知っと
コラム
## 費用の機能別分類と形態別分類

2章のP／L（損益計算書）のところでも説明しましたが、費用についてどのように分類するかということは、経営者が的確な判断を行なえるようにするには大切なことです。

たとえば、ある会社では、従業員が通勤するための電車の定期券を会社が購入しているとします。このときの定期券の購入代金は、どのように分類すればよいでしょうか？

一つの方法は、「旅費交通費」として費用を計上する考え方です。これは、鉄道会社に支払ったというような形式から判断する分類方法で、**形態別分類**といいます。

もう一つの方法は、「通勤手当」、すなわち給与として費用を計上する考え方です。これは、従業員のために支払う費用という目的から判断する分類方法で、**機能別分類**といいます。

これらの2つの分類方法は、どちらが正しくてどちらが誤っているということはありません。そこで、経営者が正しい判断を行なえるようにするには、どの支出はどの費用とすべきかという観点で処理すべきです。

上記の例では、定期券代が人件費として記録されていないと、1人あたりの人件費が少なく計算され、従業員の数が適正かどうかを経営者が検討するときに、正確な判断ができなくなるかもしれません。

日常の会計の記録は、単にお金の出入りを記録すればよいとだけ考えて行なえばよいわけではありません。経営者が正確に判断できるようにするために、費用の分類をどのように行なえばよいかというところまで考えながら、会計の記録を行なうとよいと思います。

なお、実務上では、経理規程などによって、費用についての分類のしかたを定めている会社が多いようです。

# 6章

## 在庫を効率化するには どうしたらいい？

在庫の分析は利益の確保につながります。

# 6-1 材料などの「経済的発注量」はどのように計算するのか

### ● 保管コストや受入れ等の手間のコストも勘案する

「**在庫**」とは、B／Sの資産のなかの棚卸資産のことです。適切な量の在庫を持つことが、会社の資金収支の維持や収益の確保の重要なカギとなります。そこで、在庫量の分析のしかたについて、この章でみていきましょう。まずは、材料や商品の適切な発注量をどのように求めればよいかということからです。

営業部門や販売部門など顧客に近い部署にいる人は、在庫を多めに持とうと考える傾向にあります。それは、顧客から注文を受けたときに、その注文に断わることなく応じたり、ただちに納品できるようにしたいと考えるからでしょう。

しかし、顧客の求めに応じられるように在庫を多くすることは、会社にとって必ずしも利益をもたらすとは限りません。材料や商品を保管するためのコストが必要であり、万一売れ残ったり使わなかったりした場合は会社の損失となるからです。そこで、在庫を少なくしようとするわけですが、すると今度は、材料や商品の発注の回数が増えたり、受入れの手間が増えたりしてしまいます。

したがって、材料や商品を保管するコストと、発注や受入の両方のコストを勘案して発注を行なうことが、最も経済的な発注量ということになります。このような発注量は「**経済的発注量**」（Economic Order Quantity ＝ ＥＯＱ）といい、次の計算式で求めます。

$$経済的発注量 = \sqrt{2 \times 1回あたり発注費 \times 一定期間内の発注量 \div 1個あたり在庫維持費用}$$

### ● 実際に計算してみよう

商品Ａの１回あたりの発注費は500円、１年間で発注する量は50万個、１個あたりの在庫維持費は５円とします。これを上記の計算式に

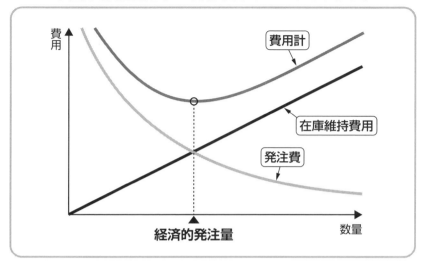
◎経済的発注量を求める算式をグラフにしてみると◎

あてはめると次のようになります。

$$EOQ = \sqrt{2 \times 500円 \times 500,000個 \div 5円} = 10,000個$$

したがって、商品Aは1万個ずつ発注することが最も経済的ということになります。

この商品Aは、年間50万個仕入れる予定なので、EOQである1万個の50回分の発注量ということになります。したがって、約1週間ごとに1万個ずつ仕入れをすることが最も経済的ということになります。

なお、発注費については1回当たりの通信費やそれに伴う人件費、在庫維持費は在庫に関する1年間の費用を収容可能な容量などで割って1単位あたりのコストを求めるとよいでしょう。

このようにEOQを求めることによって、経済的な発注の間隔も求めることができますが、EOQをそのまま適用することは、実際には難しいようです。その理由は、あらかじめ1年間の販売数量がわかっているという前提があるからです。また、発注先の都合で、発注間隔をこちら側で決めることができない場合もあります。

しかし、完全に当てはまらない場合であっても、経済的発注量を参考にしながら発注方法を決めることは、会社のコストを減らすことにつながります。

# 6-2 「在庫日数」で適正な在庫量を把握する

## ● 1日平均の出荷量はどのくらいか

　事業で使う材料や商品には多くの種類がありますが、必ずしも一律に同じペースで使用されたり販売されたりするわけではありません。たくさん売れる商品がある一方で、少しずつしか売れない商品もあります。そこで、基準とする在庫量について、一律に同じとすることは実践的ではなく、それぞれの売れ行きによって決めるほうが効率的といえるでしょう。

　では、材料の使用量や商品の売れ行きは、どのように把握すればよいのでしょうか？　そのためには、「1日平均の出荷量（販売量・使用量）」を調べます。

> 1日平均の出荷量＝年間出荷量÷365日（または年間営業日数）

　この出荷量が多いほど、売れ行きや使用頻度が高いということです。
　次に、**リードタイム**を使って、1日平均の出荷量を在庫量に反映させます。リードタイムとは、発注を行なってから材料や商品が届くまでの日数のことです。

　例をあげて説明すると、リードタイムが3日間である商品Bは、1日平均10個販売されているとします。したがって、商品Bは発注する時点で30個の在庫がないと、新たに商品が届くまでに品切れになる可能性が高いということになります。

　このことから、各商品の最低限の在庫量は、次の算式のように考えることができます。

> 最少在庫量＝1日平均の出荷量×リードタイム

　現実には、毎日の出荷量は上下するので、この最少在庫量に少し余裕をもたせた在庫量を基準とし、その基準に到達したら発注を行なうというルールを定めておくとよいでしょう（なお、品切れにならない

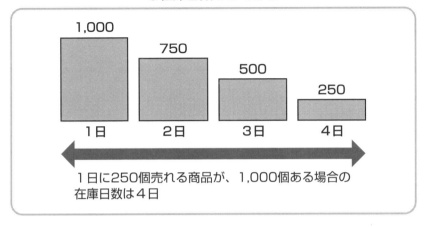

◎在庫日数のしくみ◎

1日に250個売れる商品が、1,000個ある場合の在庫日数は4日

ように余裕をもたせた在庫量のことを**安全在庫量**といい、これは次項で説明します)。

## ▶在庫量は1日平均の出荷量の何日分か

各商品、各材料の在庫量を1日平均の出荷量で割った数値を「**在庫日数**」といいます。

> 在庫日数(日)=在庫量÷1日平均の出荷量

この在庫日数を調べることによって、在庫にムダがないか、調べることができます。たとえば、下表の例の場合、どんなことがわかるでしょうか。

|  | 計算式 | 商品B | 商品C |
|---|---|---|---|
| 在庫量 | a | 1,000個 | 600個 |
| 1日平均の出荷量 | b | 250個 | 120個 |
| 在庫日数 | c=a÷b | 4日 | 5日 |

商品Bは、商品Cよりも在庫量は多いですが、売れ行きも商品Bが大きいので、在庫日数で見ると商品Bのほうが短くなります。

単純に在庫量だけをみるのではなく、在庫日数も合わせてみることで、商品の動きの速さに合わせた的確な在庫量の判断を行なうことができるようになります。

# 6-3 「安全在庫量」の考え方・求め方①

## ▶ 余裕をもたせる在庫量を勘案して発注する

前項で説明したように、材料や商品の発注は、リードタイムの間に使用されたり販売されたりする在庫量を見越して行なわれますが、必ずしも予想どおりに在庫が減るわけではありません。結果として、余ってしまうこともあるし、逆に足りなくなってしまうこともあります。

そこで、リードタイムの間に販売または使用が見込まれる在庫量に、さらにある程度余裕をもたせた量になったところで発注をすることで、欠品を防ぐ対策をとることが多いようです。その「余裕をもたせる在庫量」を「**安全在庫量**」といいます。

安全在庫量は、統計学の考え方を使って計算します。具体的には、リードタイムの日数に、過去の出荷動向のバラツキ（**標準偏差**）を加味して、どれだけ余裕をもたせるかというように計算します。具体的な計算式は次のとおりです。

$$\text{安全在庫量} = \text{安全係数} \times \text{標準偏差} \times \sqrt{\text{リードタイム（日数）}}$$

標準偏差は、過去の出荷動向から次のように計算します。

| 項　目 | 1日 | 2日 | 3日 | 4日 | 5日 | 6日 | 平均 |
|---|---|---|---|---|---|---|---|
| 出荷数 | 17 | 12 | 16 | 13 | 14 | 18 | 15 |
| （出荷数の平均－出荷数）$^2$ | 4 | 9 | 1 | 4 | 1 | 9 | 4.67 |

上の表は、ある月の1日から6日までの出荷数を示しています。まず、6日間の平均の出荷数を求め、次に各日ごとにその日の出荷数と平均との差の2乗を求めます。さらに、その計算結果の平均を求めます。上の表の場合、「(4＋9＋1＋4＋1＋9)÷6＝4.67」となります。

さらに、その4.67の平方根を求めます。すなわち、「$\sqrt{4.67} ≒ 2.16$」となりますが、この2.16が標準偏差（バラツキ）です。

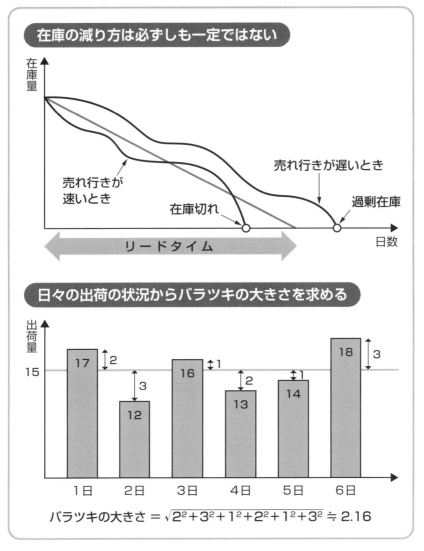

◎在庫の推移と標準偏差◎

　なお、標準偏差の実際の計算は、調査期間を1か月や1年などとして、より精度の高い数値を求めます。ただし、「1日あたりのバラツキは3個程度」といったように、経験的にバラツキがわかる場合は、その数値を標準偏差の代わりに使ってもかまいません。安全係数については、次項で説明します。

# 6-4

## 「安全在庫量」の考え方・求め方②

### ▶ サービス率に対応した安全係数をもとに計算する

安全在庫量の計算に必要な**安全係数**とは、「**サービス率**」に対応した数値をいいます。サービス率とは、品切れが起きない確率のことです。

なお、サービス率の対義語は**欠品率**（品切れが起きる確率）で、「**サービス率＋欠品率＝100％**」という関係にあります。つまり、サービス率が95％の場合、欠品率は5％（＝100％－サービス率95％）ということになります。

| 安全係数 | 1.28 | 1.65 | 2.00 | 2.33 |
|---|---|---|---|---|
| サービス率 | 90.0% | 95.0% | 97.7% | 99.0% |
| 欠品率 | 10.0% | 5.0% | 2.3% | 1.0% |

もし、サービス率が95％（＝欠品率5％）となる在庫量を知りたいときは、それに対応する安全係数1.65を使って安全在庫量を計算します（なお、安全係数の算出の根拠については複雑な説明を要するので、本書では割愛します）。前項の表の商品のリードタイムが3日の場合、サービス率95％の安全在庫量は、次のように計算できます。

安全在庫量＝安全係数1.65×標準偏差2.16
　　　　　×√リードタイム3日 ≒6.17個

したがって、この商品を発注すべき時点の在庫量は次のとおりです。

発注すべき時点の在庫量＝1日平均出荷数15個×リードタイム3日
　　　　　　　　　　　＋安全在庫量6.17個 ≒51個

これで、精度の高い発注の基準となる在庫量が算出されました。

なお、安全在庫量を決めるにあたっては、サービス率をどれくらいにするのかということを、経営者・管理者が意思決定することが大切です。というのは、もし欠品が起きたときに、仕入担当者（または在庫担当者）が責任を負うことになれば、仕入部門は欠品を避けるために多くの在庫を抱えようとして、結果として効率的な事業活動を行な

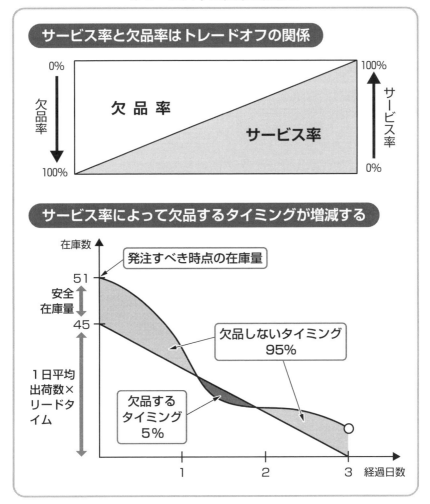

うことができなくなるからです。

　そこで、仕入担当者には、安全在庫量を維持することに責任をもたせ、そのうえで欠品が生じたときは、安全在庫量を決めた経営者の責任にすることによって、効率的な在庫管理を実現することができるようになります。もちろん、どの程度のサービス率が望ましいのかということについて、経営者は繰り返し検証を行ないながら見極めることも大切です。

# 6-5 「GMROI」の考え方・活用のしかた①

### ▶ 在庫高に対する売上総利益はどのくらいか

在庫の効率性を測る指標については、3-5項で棚卸資産回転率を取り上げましたが、これ以外にも売上総利益と在庫高の比率である「GMROI」(Gross Margin Return on Inventory Investment) という指標がよく使われています。

> GMROI＝売上総利益÷在庫高

少ない在庫高で多くの利益が得られるほど効率が高いので、この指標は**大きいほうが望ましい**といえます。

次の表でシミュレーションしてみましょう。

| 項　目 | 計算式 | D社 | E社 |
|---|---|---|---|
| 売上総利益 | a | 6,300万円 | 2,400万円 |
| 在庫高（原価） | b | 4,200万円 | 1,250万円 |
| GMROI | c=a÷b | 1.50円 | 1.92円 |
| 在庫高（売価） | d | 7,600万円 | 4,000万円 |
| 交差主義比率 | e=a÷d | 0.83円 | 0.60円 |
| 値入率 | f=(d−b)÷d | 44.7% | 40.0% |

上の表では、D社はE社の2倍以上の売上総利益を計上していますが、在庫高1円あたりの利益（GMROI）は1.50円で、E社の1.92円を下回っており、E社に比較して在庫の効率が低いといえます。

なお、GMROIと同じような指標として**交差主義比率**というものがあります。これは、在庫高の売上高に対する比率という点ではGMROIと同じですが、在庫高を売値で計算する点が異なります。

上の表では、D社の交差主義比率は0.83円で、E社の0.60円を上回っており、D社の在庫効率は高いといえます。これは、D社の**値入率**

◎GMROIで在庫効率を比較する◎

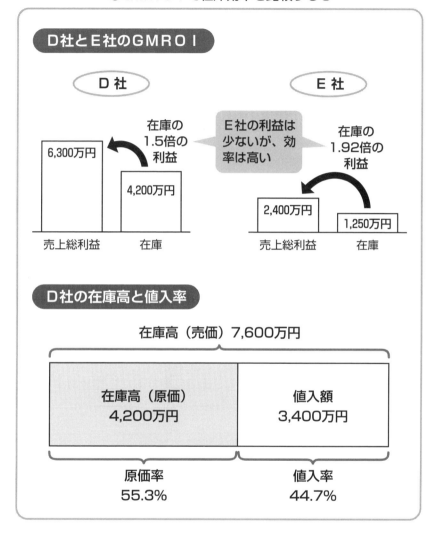

（＝「(在庫高（売価）－在庫高（原価））÷在庫高（売価）」：在庫高の売価と原価の差額の売価に占める割合）が高いことが要因です。

　会社にとって、値入率が高いことは望ましいことですが、在庫の効率性を測る場合、値入率は排除して考えるほうが妥当です。そこで、一般的には在庫の効率性はGMROIを使って検討することが多いようです。

# 6-6 「GMROI」の考え方・活用のしかた②

### ● 個別商品ごとの在庫効率はどうなっているか

GMROIは、会社の在庫高総額だけでなく個別の商品ごとに算出して分析すると、より詳細な在庫の状況を知ることができます。

次の表でシミュレーションしてみましょう。

| 項　目 | 商品F | 商品G | 商品H |
|---|---|---|---|
| 売上総利益 | 6,200千円 | 2,800千円 | 1,100千円 |
| 在庫高（原価） | 5,400千円 | 2,100千円 | 1,300千円 |
| GMROI | 1.15円 | 1.33円 | 0.85円 |

上の表では、商品Fは売上総利益では商品Gの2倍以上ありますが、GMROIは、商品Gよりも少ないです。したがって、この会社では今後、商品Gの販売額を増やすことで、会社全体として売上総利益が増加することが見込めます。

一方、商品Hは売上総利益、GMROIの両方とも他商品より少ないので、今後、新たな在庫をもたないようにすることが得策でしょう。

### ● 値下げを検討するときにも活用できる

GMROIは、在庫の効率を測るときだけではなく、値引きの管理にも活用できます。たとえば、ある商品について予想より売上が振るわないため、値引きして販売することにしたとしましょう。この場合、どれくらいまで値引きすることが妥当かということを、GMROIで検討することができるのです。具体例でみてみましょう。

在庫単価6,000円、売価1万円の商品を、15万個販売する見込みで仕入れたとします。しかし、12万個までは販売したものの、その後は売れ行きが悪くなったため、残り3万個は値下げして販売することにしました。そこで、残り3万個について、どれくらい値下げが許されるか検討してみました（次ページ下表参照）。

## ◎どれくらいまでの値下げが可能か、GMROIで検討する◎

在庫高（原価）　900,000千円

すべて値下げをしないで販売したときの売上総利益　600,000千円　GMROI＝0.67円

3万個を1,000円値下げしたときの売上総利益　570,000千円　GMROI＝0.63円

3万個を2,000円値下げしたときの売上総利益　540,000千円　GMROI＝0.60円

> 会社の目標とするGMROIを0.60円とする場合、3万個について2,000円までの値下げ可能

- - - - - - - - - - - - - - - - - - - - - - - - - -

3万個を3,000円値下げしたときの売上総利益　510,000千円　GMROI＝0.57円

　この会社では、目標とするGMROIを0.60円としているので、残り3万個を2,000円値下げしてもこの目標を達成できそうです。そこで、「2,000円の値引きが可能」と判断することができます。

| 在庫高 | 値下げ額(※2) | 売上総利益(※3) | GMROI |
|---|---|---|---|
| 900,000千円(※1) | 0円 | 600,000千円 | 0.67円 |
| | 1,000円 | 570,000千円 | 0.63円 |
| | 2,000円 | 540,000千円 | 0.60円 |
| | 3,000円 | 510,000千円 | 0.57円 |

（※1）900,000千円＝＠6,000円×15万個
（※2）在庫の残り3万個に対する1個あたりの値下げ額
（※3）12万個を値下げ前の価格、3万個を値下げ後の価格で販売したときの売上総利益

# 6-7 「在庫滞留期間」で在庫効率を検証する

## ● 在庫として長期間、滞留していないか

これまで在庫に関して金額による管理について説明してきましたが、時間に着目した管理手法もあります。

在庫は、常に移動（出荷または使用）しています。しかし、品目によって移動のタイミングやスピードは異なります。頻繁に出荷されたり使用されたりする商品や材料は、その会社にとって収益に貢献している、または必要性が高いと考えられます。そこで、次のような表をつくり、商品や材料について調査してみました（卸売業または小売業の例です）。

【ＡＢＣ商会の10月31日時点の在庫滞留状況】

|  | 在庫量 | 最終移動日 | 年間移動回数 | 1回あたり移動量 |
|---|---|---|---|---|
| 商品Ｉ | 2,480kg | 10月5日 | 12回 | 30kg |
| 商品Ｊ | 1,260kg | 10月21日 | 20回 | 11kg |
| 商品Ｋ | 860kg | 9月26日 | 8回 | 41kg |
| 商品Ｌ | 580kg | 6月20日 | 3回 | 26kg |

表によれば、商品Ｉは月1回程度の移動があり、1回あたりの移動量も他の商品と比較して多いようです。

商品Ｊの移動回数は多いですが、1回あたりの移動量が少ないことから、これを増やすことが可能か検討してみる必要がありそうです。

商品Ｋの移動回数は少ないですが、1回あたりの移動量が多いので、こちらは回数を増やすことができないか可能性を探る必要があるようです。

商品Ｌは移動回数も1回あたりの移動量も少なく、あまり活発な動きをしていません。最終移動日から4か月も経過しており、不良在庫となっている可能性もあることから、取扱いの廃止を含めて検討する必要がありそうです。

ただし、移動が不活発な商品または在庫であっても、その会社にと

◎在庫の効率性を検証してみよう◎

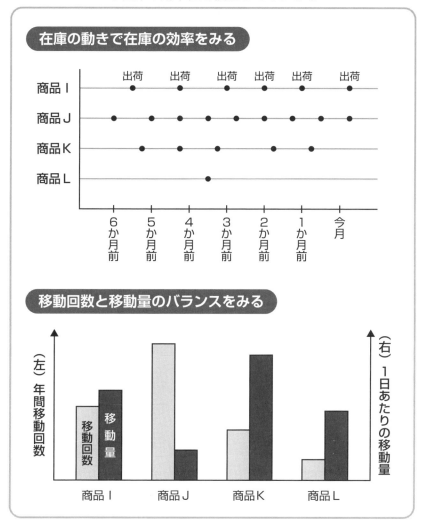

　ってシンボリックな商品であったり、取引先との関係維持のために販売しなければならなかったりする場合や、量は少なくても製品を完成させるために必須の材料であるといった場合は、在庫から外すことはできません。

　このような分析は、金物店や文房具店、機械製造業といった、多品種少量の在庫を数か月以上にわたって保有する会社の分析に有効です。

# 6-8 「在庫金利」の考え方・活用のしかた①

### ▶ 在庫に関する3つのコスト

近年、価格競争の激化が進むにつれ、6-5、6-6項で説明したGMROIを始めとして、多くの会社では在庫投資の効率に高い関心を注ぐようになりました。

そこで、まず、在庫に関するコストについて整理すると、以下の3つのコストにまとめることができます。

#### ①資金調達コスト

在庫高が増加すれば、それを購入するための資金調達額も増加します。資金調達は、出資金や借入金によって充てられるため、在庫高の増加にともなって、それらの調達コストも増加することになります。

#### ②維持・管理コスト

材料や商品は、倉庫などで保管します。つまり、倉庫担当者の人件費、光熱費、賃借料などが必要になり、これらは在庫をもつための費用ということになります。

このコストは、固定的費用(☞4-3項)であり、在庫の多寡に対して直接には比例しませんが、余分な在庫をもつことによって別の商品を保管できなくなってしまい、その結果、売れる商品の販売機会を逃してしまう可能性も出てくると考えることもできます(「**機会原価**」といいます☞8-4項)。

#### ③材料・商品の劣化コスト

在庫は長期間所有すると、その間に品質が劣化する可能性があります。劣化には、鮮度が落ちるといった物理的な劣化だけでなく、流行が終わった、ニーズがなくなったという社会的な劣化もあります。これらの劣化による損失も、在庫をもつことのコストに含まれます。

## ◎「在庫金利」の考え方◎

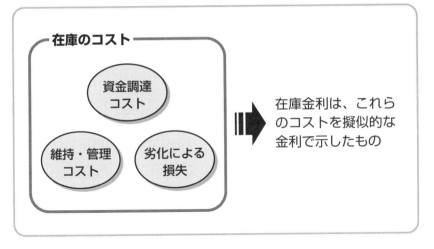

### 在庫の調達資金の金利はどのくらいか

　これらの在庫コストを受けて、在庫投資の効率化を社内に浸透させる手法として「**在庫金利**」という考え方が多くの会社で活用されています。在庫金利とは、社内だけで利用される架空の金利で、その会社が資金を調達するときのコスト（**加重資本平均コスト**：Weighted Average Cost of Capital ＝ＷＡＣＣ）を参考にして決められることが多いようです。

　たとえば、借入金4,000万円を金利2％で借り入れて、資本金1,000万円に対し10％の配当を支払う予定であるとします。この場合の調達コストは、次のように計算することができます。

　　調達コスト＝4,000万円×2％×（1－実効税率約40％）
　　　　　　　＋1,000万円×10％＝148万円

　これを利率に換算すると、次のようになります。

　　148万円÷（4,000万円＋1,000万円）≒2.96％（ＷＡＣＣ）

　これは、材料や商品の購入代金に充てるための資金の調達コストのみであり、在庫はさらに劣化したり維持費用がかかったりするため、年利換算で3％程度以上のコストがかかっていると考えることができます。在庫金利の具体的な活用法については、次項で説明します。

# 6-9 「在庫金利」の考え方・活用のしかた②

## ● 在庫金利を加味した利益はどのくらいか

経営者などによって設定された**在庫金利**は、より強く社内にコスト意識を浸透させるために、部門ごとや支店ごとの業績評価に活用されることがあります。

たとえば、卸売業のＸＹＺ商事では、在庫は一括して本社で管理していますが、各支店からの依頼にもとづいて保有した在庫の量にしたがって在庫金利を算出し、支店ごとの評価に反映させています。ある決算期のＸＹＺ商事の３つの支店の営業利益と平均在庫額は、下表のとおりでした。

【ＸＹＺ商事の支店ごとの営業利益と在庫額】　　　　　　　　（単位：千円）

|  | 計算式 | Ｍ支店 | Ｎ支店 | Ｏ支店 |
|---|---|---|---|---|
| 営業利益 | a | 3,300 | 2,900 | 2,300 |
| 平均在庫額 | b | 38,000 | 22,000 | 26,000 |
| 在庫金利賦課額 | c=b×3% | 1,140 | 660 | 780 |
| 純利益 | d=a−c | 2,160 | 2,240 | 1,520 |

営業利益は、３つの支店のなかでＭ支店が最も多い金額ですが、Ｎ支店では利益の高い商品に絞って在庫をもつように工夫をしたことから、在庫金利を加味した純利益の金額ではＭ支店を上回っています。このように、在庫金利を支店に賦課することで、単に売上高を増やすだけでなく、売上にともなうコストも意識させ、利益の増加をめざすことも大切です。

## ● まとめ買いの損得を判断できる

在庫金利は、まとめ買いをすると得するかどうかという判断にも活用することができます。

たとえば、毎月1,000万円ずつ仕入れている商品について、６か月分まとめ買いしてほしいとの提案を、その商品の仕入先から受けたと

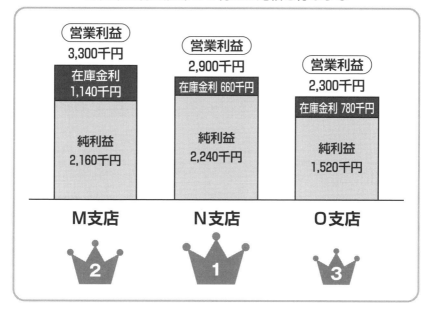

します。在庫金利が3％であるとした場合、まとめ買いをすることによって新たに発生するコストは次のように計算できます。

|  | 仕入代金 | 在庫期間 | 在庫コスト |
|---|---|---|---|
| 当月分 | 1,000万円 | 0か月 | 0円 |
| 1か月後分 | 1,000万円 | 1か月 | 25,000円 |
| 2か月後分 | 1,000万円 | 2か月 | 50,000円 |
| 3か月後分 | 1,000万円 | 3か月 | 75,000円 |
| 4か月後分 | 1,000万円 | 4か月 | 100,000円 |
| 5か月後分 | 1,000万円 | 5か月 | 125,000円 |
| 計 | 6,000万円 | ― | 375,000円 |

　上表のように、6か月分をまとめ買いしたときは、37万5,000円の在庫コストがかかると考えることができます。そこで、まとめ買いのときの値引き額が37万5,000円を超えるのであれば、まとめ買いをするべきといえるでしょう。

**知っとコラム**

## 「費用収益対応の原則」とは

　会計がややこしいいと感じられてしまう特徴の一つに、お金の出入りと、収益や費用の計上のタイミングが一致していないことがあげられます。このようなことが起きる原因の一つは、**費用収益対応の原則**によるものです。

　この原則を例で示すと、たとえば、ある商品を決算月の3月に仕入れ、次の会計期間に入った4月に販売したとします。

　このとき、収益については、販売された会計期間の収益になるということは容易に理解できると思います。

　そして、仕入れた商品の仕入代金は、前の会計期間である3月に仕入れたにもかかわらず、販売された時点の会計期間の費用になります。商品の仕入代金が費用になるまでの間は、会社の棚卸資産として資産に計上されています。

　このような原則があるのは、**利益を計算することが財務会計の目的**になっているからです。

　商品が売れることで初めて利益が得られるわけですが、その利益を確定するためには、その商品の販売と同時に仕入代金を費用としなければなりません。

　機械や建物などの固定資産の減価償却についても、この原則の考え方によるものです。

　数年にわたって使用する機械は、購入した会計期間に代金を支払いますが、代金のすべてをその会計期間だけの費用にしてしまうことは合理的ではないということは明らかでしょう。

　会計はややこしいことが多いですが、なぜややこしいのかということを理解することによって、苦手と感じる点を減らし、ステップアップしていっていただきたいと思います。

# 7章

## 損益分岐点の求め方・活用のしかた

割と簡単に分析できて、活用しやすい手法です。

# 7-1 費用は「変動費」と「固定費」に分ける

### ▶利益が生じる目標売上高が求められる！

　前期はあれだけ売上をあげたのに、利益はこんなに少ないのか――顧問税理士などから届けられた決算書を見て、このように感じた経験のある経営者は少なくないのではないでしょうか？　売上高は日々の事業活動のなかでおおよその金額を把握できますが、一方で、その売上高に含まれる利益は決算を行なってからでないとわからない場合が多いので、このように感じることになるのでしょう。

　前もって利益が得られる売上高がわかっていれば、その売上高以上の金額を目標とすることによって、事業に励みをもって取り組むことができるようになるはずです。

　そこで、7章ではその目標とする売上高の求め方や活用法について説明しますが、その第一段階として、まずは費用を変動費と固定費に分けることについてあらためて説明します（☞2-7項）。

　目標とする売上高を求めるには、まず、事業活動を行なうにあたって発生するさまざまな費用を、「**売上高に比例して増加する費用**」である変動費と「**売上高が増加しても金額が変わらない費用**」である固定費に分けます。その結果、次のような算式が成り立ちます。

$$利益＝売上高－（変動費＋固定費）$$

　しかし、この変動費と固定費の区分は管理会計の考え方によるもので、財務会計で使われている費用を変動費と固定費に明確に振り分けることは実際には難しいようです。

| 変動費に該当する費用 | 材料費、商品仕入代金など |
|---|---|
| 変動費に近い費用 | 光熱費、通信費など |
| 固定費に近い費用 | 人件費など |
| 固定費に該当する費用 | 賃借料、保険料、減価償却費など |

　変動費に近い費用や固定費に近い費用については、固定的な部分と

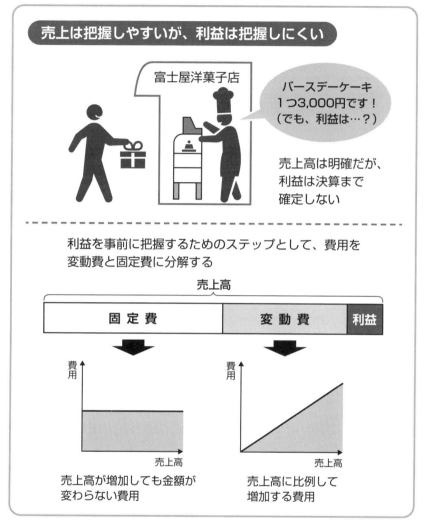

　変動的な部分に振り分けて変動費や固定費を算出する方法もありますが、変動費に近い費用は変動費として、また固定費に近い費用は固定費として計算をしてもおおよその傾向を把握できます。また、会計に不慣れな場合は、当初は売上原価や製造原価は変動費として、販売費及び一般管理費は固定費として傾向を分析し、より詳細な分析を行なえるようになってから精緻な分析に進むようにしてもよいでしょう。

# 7-2 「準変動費」「準固定費」といった区分のしかたもある

## ▶ 費用の中身をさらに詳しくみていくと…

変動費（広義）は、さらに次の3つに分類することができます。

### ①比例費（変動費（狭義））

販売額（生産量）と同じ比率で増加する費用を指します。たとえば、販売額が2倍になるときに、同様に2倍になる費用が比例費です。

### ②逓増費

販売額（生産量）の増加率よりも高い増加率で増加する費用を指します。たとえば、販売額が2倍になるときに、3倍になる費用は逓増費です。

### ③逓減費

販売額（生産量）の増加率よりも低い増加率で増加する費用を指します。たとえば、販売額が2倍になるときに、1.5倍になる費用は逓減費です。

以上の3つの変動費（広義）に準ずるものとして、さらに次の2つに分類される費用があります。

### ④準変動費

変動費と固定費の両方の性格をもっている費用です。たとえば、電話料は、固定的な基本料と変動的な通話料に分かれています。なお、逓増費、逓減費と次の飛躍費を準変動費という場合もありますが、本書ではここで示した区分に応じて説明していきます。

### ⑤飛躍費（準固定費／飛躍固定費）

販売額（生産量）が一定の水準までは固定しているものの、ある水準を超えると飛躍的に増加し、また一定の水準までは固定的である費用を飛躍費といいます。たとえば、貸倉庫を借りて商品を保管しているときに、販売額が増加してそこに収まり切れない在庫をもつことになった場合、新たにもう一つ倉庫を借りるとします。この場合の賃借料が飛躍費です。

◎変動費のさらなる区分と固定費との分類のしかた◎

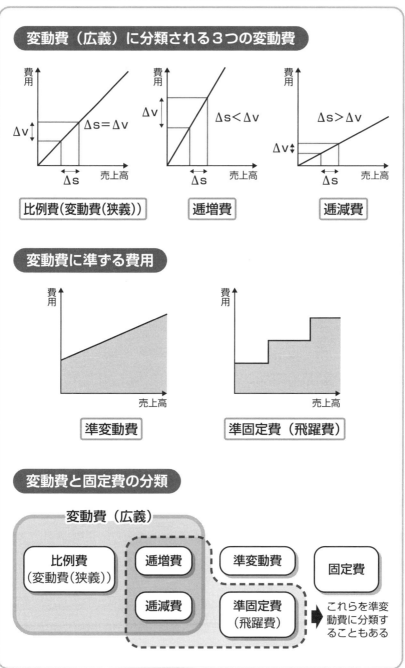

# 7-3 「限界利益」について理解しておこう

## ●「売上高＝変動費＋固定費」だと利益はゼロ

　利益を得るための目標となる売上高と関わりの深いものに「**限界利益**」という考え方があります。

　事業活動は、外部から調達した「もの」に価値を加えて販売することなので、主に外部から「もの」を調達する費用である変動費は売上高を超えることはありません。つねに「売上高＞変動費」、すなわち「**売上高－変動費＞０**」という状態になっています。

　一方、固定費は、売上高の金額にかかわらず定まった額なので、売上高が少ないときは、「売上高－変動費＜固定費」となりますが、徐々に売上高が増加していくと「売上高－変動費＞固定費」という状態になります。したがって、「**売上高－変動費＝固定費**」（①式）のときの**売上高を超えると利益が得られる**ということになります。

## ●「限界利益」とは何か？

　ここで限界利益という考え方が登場します。限界利益とは、売上高と変動費の差をいいます。

> **限界利益＝売上高－変動費**

　限界利益は管理会計上の考え方であり、財務会計のＰ／Ｌに示される利益ではありません。また、限界利益とはMarginal Profitの訳語で、「限界」とは制限や限度（limit）といった意味ではなく、周辺（marginal）という意味で使われています。

　つまり、売上高のなかに含まれている、変動費に上乗せされた端にある利益という意味です（次ページの下のグラフ参照）。

　本題に戻りましょう。限界利益の算出式を上記①式に代入すると、「**限界利益＝固定費**」のときの売上高を超える売上高になると、利益が得られることになります。すなわち、**限界利益が固定費を超えると**

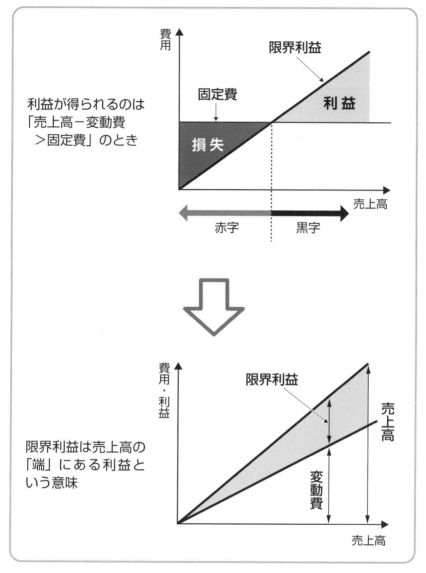

利益が得られるということです。

　そこで、目標とする売上高は、限界利益が固定費と等しくなるときの売上高を求めればよいということになります。その売上高の求め方は次項で説明します。

# 7-4

## 「損益分岐点売上高」を求めてみよう

### ● 固定費を限界利益率で割ったものが損益分岐点売上高

「売上高－変動費＝固定費」となっているときの売上高を「**損益分岐点売上高**」（Break-even Point ＝ ＢＥＰ）といいます。また、このような費用（コスト）、数量、利益の関係を分析することを「**ＣＶＰ分析**」（Cost-Volume-Profit Analysis）といいます。

ＢＥＰは、次の算式で求めることができます。

> ＢＥＰ＝固定費÷（１－変動費÷売上高）

この式は、「売上高－変動費＝固定費」を展開してできたものです。

　売上高－変動費＝固定費
→（売上高－変動費）÷売上高＝固定費÷売上高
→（１－変動費÷売上高）＝固定費÷売上高
→売上高＝固定費÷（１－変動費÷売上高）

次に、ＢＥＰと限界利益の関係をみてみましょう。限界利益の売上高に占める割合を**限界利益率**、同じく変動費の売上高に占める割合を**変動費率**といい、それぞれ次のような関係にあります。

　限界利益率＝限界利益÷売上高
　　　　　＝（売上高－変動費）÷売上高＝１－変動費率

よって、ＢＥＰを求める式は次のように置き換えることができます。

> ＢＥＰ＝固定費÷（１－変動費率）＝固定費÷限界利益率

このように、限界利益率を使うことによって、ＢＥＰを求める算式を単純にすることができます。

それでは、具体例でＢＥＰを求めてみましょう。ＡＢＣ商会のＰ／Ｌが次ページの表のとおりであったときのＢＥＰは、次のように算出されます（理解を容易にするために、売上原価を変動費、販売費及び一般管理費を固定費としてＢＥＰを計算します）。

## 【ABC商会のP/Lの要約】

(単位:千円)

|  | 計算式 | 前期 | 当期 |
|---|---|---|---|
| 売上高 | a | 30,000 | 36,000 |
| 変動費(売上原価) | b | 15,000 | 17,800 |
| 限界利益(売上総利益) | c=a－b | 15,000 | 18,200 |
| 固定費(販売費及び一般管理費) | d | 12,000 | 14,500 |
| 利益(営業利益) | e=c－d | 3,000 | 3,700 |
| 変動費率 | f=b÷a | 50.0% | 49.4% |
| 限界利益率 | g=c÷a | 50.0% | 50.6% |
| 損益分岐点売上高(BEP) | h=d÷(1－b÷a) | 24,000 | 28,681 |

　ABC商会の今期のBEP＝固定費14,500千円÷
　　(1－変動費17,800千円÷売上高36,000千円)＝28,681千円

　同社のBEPは28,681千円であり、当期の売上高36,000千円はこれを上回っていることから、来期もこの趨勢を続けられれば利益を得られる見通しであることがわかります。ただし、固定費の増加などが原因で、前期より当期のBEPは高くなっていることから、固定費の見直しを行なうことで、より利益構造は改善されます。

### ◎売上高が「変動費＋固定費」を超えると黒字になる◎

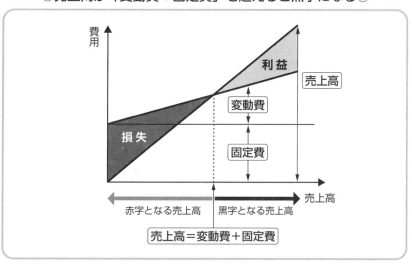

# 7-5 「損益分岐点販売数量」を求めることもできる

### ● いくつ販売すれば利益が出るのか

前項のBEPを求める算式の左辺と右辺を「商品（製品）単価」で割ることによって、利益を得られるようになる商品（製品）の販売個数、すなわち「**損益分岐点販売数量**」を求めることができます。

BEP÷商品（製品）単価＝
　　　　固定費÷（1－変動費÷売上高）÷商品（製品）単価
→損益分岐点販売数量
　＝固定費÷（商品（製品）単価－変動費÷販売数量）
　＝固定費÷（商品（製品）単価－商品（製品）1個あたり変動費）
　＝固定費÷商品（製品）1個あたり限界利益

### ● 具体例を使って計算してみよう

次ページにあげたP／L（要約）のABC商会では、1個6万円の商品1種類だけを販売しているとします。このときの当期の損益分岐点販売数量は次のように計算します。

損益分岐点販売数量＝固定費14,500千円÷（単価60,000円
　　　　　　　　　－（変動費17,800千円÷販売数量600個）
　　　　　　　　＝478個

したがって、ABC商会は来期も480個ほどの数量を販売すれば、利益を得られることがわかります。

また、前期の損益分岐点販売数量は400個ですが、当期は478個に増加しています。これは、金額による指標であるBEP（損益分岐点売上高）の分析にも表われたことと同じように、利益構造に改善の余地があるということを読み取ることができます。

なお、損益分岐点販売数量の算式は、商品または製品の種類または単価が1つということが前提になっています。したがって、多くの会社では、たくさんの種類の商品（製品）を複数の価格で販売している

## 【ABC商会のP/Lの要約】

| | 計算式 | 単位 | 前期 | 当期 |
|---|---|---|---|---|
| 売上高 | a=b×c | 千円 | 30,000 | 36,000 |
| 商品単価 | b | 円 | 60,000 | 60,000 |
| 販売数量 | c | 個 | 500 | 600 |
| 変動費（売上原価） | d | 千円 | 15,000 | 17,800 |
| 限界利益（売上総利益） | e=a−d | 千円 | 15,000 | 18,200 |
| 固定費（販売費及び一般管理費） | f | 千円 | 12,000 | 14,500 |
| 利益（営業利益） | g=e−f | 千円 | 3,000 | 3,700 |
| 商品1個あたり変動費 | h=d÷c | 円 | 30,000 | 29,667 |
| 商品1個あたり限界利益 | i=e÷c | 円 | 30,000 | 30,333 |
| 損益分岐点販売数量 | j=f÷(b−d/c) | 個 | 400 | 478 |

ことが通常なので、直接この算式を利用することはできません。

しかし、たとえば住宅販売会社のように、販売数量が少ない会社では、住宅の平均販売価格を単価と考えてこの損益分岐点販売数量を算出すれば、利益の得られるおおよその販売戸数を求めることができます。

また、多くの種類の商品（製品）を販売している会社でも、商品別・部門別に利益の得られる販売個数を決めるときにこの算式を活用することができるでしょう。

### ◎損益分岐点販売数量がわかれば黒字になる販売数がわかる◎

# 7-6 「目標利益獲得売上高」の考え方・求め方

## ◉ 目標利益を得られる損益分岐点売上高を求めよう

　利益を得るための目標となる売上高としての損益分岐点について説明してきましたが、実際には単に黒字とするだけではなく、事業を安定させるために、ある程度の利益を得ることを目標とすることが一般的です。そのため、ただ単にＢＥＰ（損益分岐点売上高）を超えることを目標とすることはあまり適切ではないようです。

　では、どのように損益分岐点を設定すればよいのでしょうか？　そのために知っておきたいのが「**目標利益獲得売上高**」です。これは、ＢＥＰを求める算式を少し加工して求めることができます。

---

**目標利益獲得売上高**
　　＝（固定費＋目標利益）÷（１－変動費÷売上高）

---

　ＡＢＣ商会の例で計算してみましょう（次ページのＰ／Ｌの要約を参照）。

　同社は、次期の利益目標を500万円としています。この利益を得るためには、どれくらいの売上高が必要かということを、上記の目標利益獲得売上高の算出式で計算してみましょう。

　　目標利益獲得売上高
　＝（当期固定費14,500千円＋目標利益5,000千円）
　　　÷（１－当期変動費17,800千円÷当期売上高36,000千円）
　＝38,571千円

　したがって、500万円の利益を獲得するためには、次期は38,571千円以上の売上高をあげることを目標とすればよい、ということがわかります。

　なお、目標利益獲得売上高は、変動費比率、固定費の額とも当期と同じという前提で計算するので、売上高の増加にともなってこれらが変わってしまう場合は、目標売上高を超えたとしても目標利益を得ら

## 【ABC商会のP／Lの要約】

(単位：千円)

| | 計算式 | 前期 | 当期 | 次期計画 |
|---|---|---|---|---|
| 売上高 | a | 30,000 | 36,000 | 38,571 |
| 変動費（売上原価） | b | 15,000 | 17,800 | 19,071 |
| 限界利益（売上総利益） | c=a－b | 15,000 | 18,200 | 19,500 |
| 固定費（販売費及び一般管理費） | d | 12,000 | 14,500 | 14,500 |
| 利益（営業利益） | e=c－d | 3,000 | 3,700 | 5,000 |
| 変動費率 | f=b÷a | 50.0% | 49.4% | 49.4% |
| 限界利益率 | g=c÷b | 50.0% | 50.6% | 50.6% |
| 損益分岐点売上高（BEP） | h=d÷(1－b÷a) | 24,000 | 28,681 | 28,681 |

れない可能性があるので注意が必要です。

　また、左記算式中の「目標利益」を他のものに置き換えることもできます。たとえば、従業員10人に対する給与を年間で50万円ずつ増やすための原資500万円を得るために必要な売上高を求めるという場合にも、この算式を活用することができます。

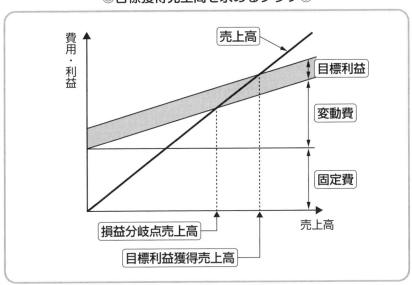

◎目標獲得売上高を求めるグラフ◎

# 7-7 「融資返済可能売上高」を求めることもできる

## ▶ 返済のためにはどれだけ売上高を増やす必要があるか

前項で説明した目標利益獲得売上高を「**融資返済可能売上高**」に置き換えて、資金繰りを安定させるために必要な売上高を求める算式として応用することができます。

ABC商会が融資を受けて、新たに支店を出店する場合を例にして考えてみましょう。支店を出店するときの条件は次のとおりです。

> ① 600万円の融資を受け、支店の購入代金に充てる
> ② 融資元本は毎年120万円ずつ5年で返済する
> ③ 支店の出店にともない、固定費が年間150万円増加する
> ④ 支店の出店によって、売上高は900万円増加する見込み

この条件にしたがって、融資を受けて支店を出店することが妥当かどうか検証してみましょう。

　　融資返済可能売上高
　＝（当期固定費14,500千円＋増加固定費1,500千円
　　　＋当期利益3,700千円＋融資返済原資1,200千円）
　　÷（1－当期変動費17,800千円÷当期売上高36,000千円）
　＝41,341千円＜45,000千円

この計算結果から、ABC商会は支店を出店した後の見込みの売上高45,000千円（＝当期売上高36,000千円＋増加見込売上高9,000千円）が、固定費の増加分を吸収する限界利益や、融資の返済原資となる利益を獲得するための売上高41,341千円を上回ることがわかります。したがって、融資を受けて支店の出店をしても、資金繰りは安定することが見込まれます。

この例は、固定費の増加分などを含めて計算を行なっているため、やや複雑な計算式となりましたが、融資返済可能売上高を求める算式

## 【ＡＢＣ商会の支店出店後の予想Ｐ／Ｌ】

(単位：千円)

|  | 計算式 | 当期 | 融資返済可能売上高 | 増減 | 支店出店後の予想 | 増減 |
|---|---|---|---|---|---|---|
| 売上高 | a | 36,000 | 41,341 | 5,341 | 45,000 | 9,000 |
| 変動費 | b | 17,800 | 20,441 | 2,641 | 22,250 | 4,450 |
| 限界利益 | c＝a－b | 18,200 | 20,900 | 2,700 | 22,750 | 4,550 |
| 固定費 | d | 14,500 | 16,000 | 1,500 | 16,000 | 1,500 |
| 利益 | e＝c－d | 3,700 | 4,900 | 1,200 | 6,750 | 3,050 |

を単純に表わすと次のようになります。

> 融資返済可能売上高
>   ＝（固定費＋年間融資返済額）÷（１－変動費÷売上高）

　たとえば、ＡＢＣ商会が1,000万円の融資を受けて、毎年200万円ずつ返済を行なうために必要な売上高は次のように計算できます。

　　融資返済可能売上高
　＝（固定費14,500千円＋年間融資返済額2,000千円）
　　÷（１－変動費17,800千円÷売上高36,000千円）
　＝32,637千円

　したがって、ＡＢＣ商会では3,264万円の売上高を超えれば、1,000万円の融資を返済できる見込みであるということがわかります。

# 7-8 「安全余裕率」で赤字転落を回避する

## ◉ 売上がどれくらい減ると赤字になってしまうのか

　目標利益の確保や融資の返済を行なうための売上高についてみてきましたが、競争の激しい業界では、売上高を伸ばすことがむずかしい場合もあるでしょう。そのような状況で事業を営むときは、売上高を維持し、確実に黒字を確保することのほうが得策といえます。

　しかしながら、売上が横ばいを続けている状態では、不測の環境変化によってわずかに売上が減少しただけで、ただちに赤字に陥ってしまう原因になるということにもなりかねません。そこで、「どれくらい売上高が下がると赤字になるか」ということをあらかじめ把握しておき、事前に対策をとるようにしておくことが大切です。

　どれくらい売上が減少すると赤字になるか、ということを管理するための指標として「**安全余裕率**」がよく利用されます。

> 安全余裕率（％）＝（売上高－損益分岐点売上高）÷売上高×100

　これは、現在の売上高と損益分岐点売上高の差が、売上高に占める割合を示しており、**高いほうが望ましい**といえます。

　ＡＢＣ商会の例でみてみましょう（次ページの表を参照）。
　　ＡＢＣ商会の安全余裕率
　＝（売上高36,000千円－損益分岐点売上高28,681千円）
　　　÷売上高×100＝20.3％

　よって、同社は売上高が20.3％減少すると赤字に陥ってしまうことがわかります。業種によって異なりますが、安全余裕率が10％を下回ると事業が不安定であるといわれます。したがって、同社では売上高が約3,200万円を下回らないようにすることが望ましいといえます。

　経営者はこの安全余裕率が低くなりすぎていないか常に注意し、低い場合は迅速にその対策をとるようにしましょう（具体的な対策については次項で説明します）。

## 【ABC商会の安全余裕率】

(単位:千円)

|  | 計算式 | 当期売上−4,000千円 | 当期売上−2,000千円 | 当期P/L | 当期売上+2,000千円 | 当期売上+4,000千円 |
|---|---|---|---|---|---|---|
| 売上高 | a | 32,000 | 34,000 | 36,000 | 38,000 | 40,000 |
| 変動費 | b | 15,822 | 16,811 | 17,800 | 18,789 | 19,778 |
| 固定費 | c | 14,500 | 14,500 | 14,500 | 14,500 | 14,500 |
| 利益 | d=a−(b+c) | 1,678 | 2,689 | 3,700 | 4,711 | 5,722 |
| BEP | e=c÷(1−b÷a) | 28,681 | 28,681 | 28,681 | 28,681 | 28,681 |
| 安全余裕率 | f=(a−e)÷a | 10.4% | 15.6% | 20.3% | 24.5% | 28.3% |
| 損益分岐点比率 | g=e÷a | 89.6% | 84.4% | 79.7% | 75.5% | 71.7% |

なお、安全余裕率に関連する指標に「**損益分岐点比率**」というものがあります。

損益分岐点比率(%)=損益分岐点売上高÷売上高×100

これは、BEPが売上高のどれくらいの割合かを示すもので、安全余裕率と補数の関係、すなわち「**安全余裕率+損益分岐点比率=100%**」という関係にあります。したがって、損益分岐点比率は安全余裕率とは逆に低いほうが望ましく、90%を上回る場合は注意が必要です。

◎安全余裕率を求めるグラフ◎

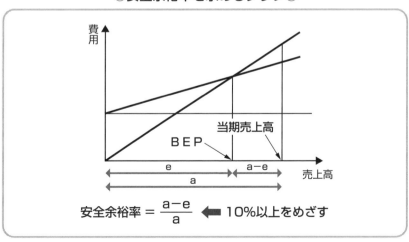

# 7-9 「経営安全率」で固定費を管理しよう

### ▶ 限界利益に占める利益の割合はどのくらいか

　前項で説明した安全余裕率を高める方法は、おおよそ、①売上高を増やす、②変動費を減らす、③付加価値を増やす、④固定費を減らす、の4つです。①売上高の増加については営業戦略として、②変動費の減少と③付加価値の増加については価格戦略として、多くの会社が経営戦略を講じていると考えますので、ここでは④固定費の減少について考えてみましょう。

　固定費は、「金額が固定している費用」なので、本来は減らすことはできませんが、いくつか工夫することによって減らすことができます。

　その一つは、**固定費を変動費に変える**ことです。たとえば、従業員の携わる仕事を外部委託することによってそれが可能となります。外部委託するほうが、従業員に給料を払うよりも一般的には割高となりますが、売上高が少ないときは、必要なときだけ外注することによって支出額を減らすことができます。

　二つめの方法は、**固定費の対象となっている財産から収入を得る**ことです。たとえば、倉庫を借りているときに、その空きスペースを利用して、他社の商品などを預かることで保管料収入を得ることができます。これは、表面的には費用を減らしたことにはなりませんが、収入が増えた分、コストを減らすのと同じ効果が得られます。

　このような工夫などを行なうことによって固定費を管理することができるわけですが、それが妥当な水準にあるかどうかは、「**経営安全率**」によって測ることができます。

---

　経営安全率（％）
　　＝利益÷（利益＋固定費）×100＝利益÷限界利益×100

---

　これは、限界利益に占める利益の割合を示しており、**高いほど望ま**

## 【ＡＢＣ商会の経営安全率】
（単位：千円）

| | 計算式 | 固定費＋100万円 | 固定費＋50万円 | 当期P／L | 固定費－50万円 | 固定費－100万円 |
|---|---|---|---|---|---|---|
| 売上高 | a | 36,000 | 36,000 | 36,000 | 36,000 | 36,000 |
| 変動費 | b | 17,800 | 17,800 | 17,800 | 17,800 | 17,800 |
| 限界利益 | c＝a－b | 18,200 | 18,200 | 18,200 | 18,200 | 18,200 |
| 固定費 | d | 15,500 | 15,000 | 14,500 | 14,000 | 13,500 |
| 利益 | e＝a－(b＋d) | 2,700 | 3,200 | 3,700 | 4,200 | 4,700 |
| 経営安全率 | f＝e÷c | 14.8% | 17.6% | 20.3% | 23.1% | 25.8% |

しい状態といえます。前述の工夫などを行なって、固定費を減らし、利益を増やすことによって、経営安全率を高めることができます。

　ＡＢＣ商会の例でみてみましょう（上表参照）。

　　ＡＢＣ商会の経営安全率
　＝利益3,700千円÷（利益3,700千円＋固定費14,500千円）×100
　＝20.3％

この計算結果から、同社の利益が20.3％減少しても赤字にはならないということがわかります。業種によって異なりますが、経営安全率は**15％を下回らないことが望ましい**といわれています。同社の場合、固定費がおおよそ1,540万円に増えなければ、経営安全率も約15％を下回らないことになります。

◎限界利益に占める固定費の割合が低いと事業は安定する◎

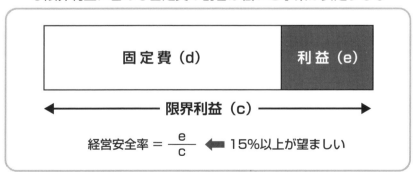

### 知っとコラム 安全余裕率と経営安全率は同じ？

7-8項で**安全余裕率**、7-9項で**経営安全率**について説明しました。それぞれ、次の算式で求めます。

---
安全余裕率＝（売上高－損益分岐点売上高）÷売上高
経営安全率＝利益÷限界利益

---

これらは、その意味するものが異なるため、当然に計算式は異なっていますが、実は、計算結果は同じ数値になります。なぜなら、安全余裕率の計算式を展開していくと、経営安全率の計算式になるからです（損益分岐点売上高＝BEP）。

安全余裕率
　＝（売上高－BEP）÷売上高
　＝1－BEP÷売上高
　＝1－固定費÷（(1－変動費÷売上高)×売上高）
　＝1－固定費÷（売上高－変動費）
　＝1－固定費÷限界利益
　＝1－固定費÷（固定費＋利益）
　＝（(固定費＋利益)－固定費）÷（固定費＋利益）
　＝利益÷（固定費＋利益）
　＝利益÷限界利益
　＝経営安全率

安全余裕率と経営安全率の2つの指標が同じ計算結果になるということは偶然のことと思いますが、管理会計にはたくさんの指標があるので、このようなことが起きるのもおかしくないのかもしれません。また、これも会計の面白さといえるでしょう。

# 8章

## 管理会計について
## しっかり理解しておこう

的確な
意思決定のために
管理会計の知識は
必須です。

# 8-1 そもそも「管理会計」とは何か

### ▶ 管理会計は役割によって分類される

1-3項でも少し触れましたが、「**管理会計**」には次のような特徴があります。

①利用者：主に経営者が利用する
②目　的：将来の見通しを立てるために利用する
③ルール：統一されておらず、利用者が任意に決める

そして、管理会計はさらに細かく分類されます。経営者の役割は、「事業の計画を立てること」と「事業を統制すること」と一般に認識されていることから、その経営者の役割に合わせて利用される管理会計も「**計画会計**」と「**統制会計**」に分けられます。

さらに、計画会計は利用目的の計画によって、「**個別計画のための会計**」と「**期間計画のための会計**」に分けられます。

個別計画のための会計とは、どのような製品を製造すべきか、新しい設備投資を行なうかどうかといった、個別の課題に対処するための判断を行なうために利用される会計の手法で、この章で説明する主な会計の手法は、この個別計画のための会計に分類されるものです。

一方、期間計画のための会計は、将来の一定期間の利益などを計画するために利用されるもので、7-4項で説明したCVP分析がその代表例です。

また、前述の統制会計は、標準原価計算や予算管理などに分類されます（標準原価計算は、1-3項で例示した米国の紡績業が発祥といわれています）。

ところで、3つに分類された会計の手法については、個別計画のための会計が経営者の意思決定のために利用されることから、「**意思決定会計**」と分類され、一方で、期間計画のための会計と統制会計は業

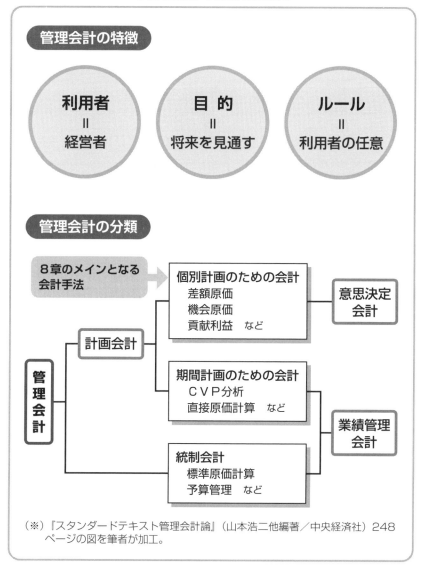

績管理などに利用されていることから、「**業績管理会計**」として分類されることもあります。

# 8-2 「ABC分析」で販売先を管理する

### ● 取引先をランクづけして管理方法を変える

　顧客数、販売先数が多い会社では、その管理に要する手間も大きくなります。そのため、販売額が少ないなど、もうけにあまり貢献していない会社との取引は採算がとれていないので、もうけの多い会社に取引を絞ると、効率よくもうけることができそうです。

　取引先を絞り込むときは、「ABC分析」という手法がよく使われます。これは、販売額などによって取引先を分類し、その分析結果によって販売先ごとの管理方法を決めるための判断材料とするものです。

　具体的には、取引先を販売額の順に並べます。そして、上位10％に入るものをAクラス、10％に及ばないものの上位20％に入るものをBクラス、それ以外のものをCクラスというように分類します。このような分類をすると、おおよそ次のような結果になるといわれています。

| クラス | 販売額の順位 | 販売額の合計の割合 |
|---|---|---|
| A | 上位10％以内 | 50％ |
| B | 上位11％〜20％以内 | 30％ |
| C | 上位21％〜 | 20％ |

　これは、販売額の多い上位20％への取引先の販売額が、自社の販売額総額の80％を占めるという典型的な例です。この法則を「**80対20の法則**」（または、発見者にちなんで「**パレートの法則**」）といいます。

　取引先をA・B・Cのクラスに分けたら、下表のように、それぞれにどのような管理を行なうかを決めます。

| クラス | 管理方針 |
|---|---|
| A | 販売量を増やす。価格や納品の条件を優遇する。 |
| B | 販売量は現状を維持する。ライバルに販売数量を減らされないように注意する。 |
| C | 販売数量を減らす、または、取引解消を検討する。 |

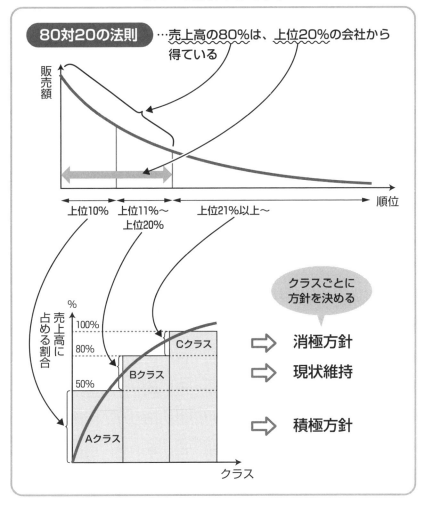

　このように、クラスごとに管理方針を決めることで、自社にとって重要な販売先に対して管理のための労力を集中させ、効率化を図ります。
　なお、ABC分析は、販売額によるクラス分け以外にも活用できます。たとえば、利益額、販売数量、顧客数など、会社ごとに重要と判断される項目でクラス分けを行なうことで、自社の状況に合わせた効率化を検討することができます。

# 8-3 「貢献利益」の高い製品に絞り込む

### ▶貢献利益とは会社の利益に貢献する金額

　販売する商品や製造する製品を絞り込みたいときは、そのための手法があります。その一つが「**貢献利益**」（Contribution Margin）という考え方です。これは、ある商品や製品の売上高のうち、後述する共通固定費の回収や利益の獲得に貢献している利益を指し、具体的には次のようにして求められます。

> **貢献利益＝売上高－（変動費＋個別固定費）**

　貢献利益は、売上高から変動費を差し引いた残りの利益である限界利益（☞7－3項）と似ています。実際、貢献利益を売上高から変動費を差し引いた残りの利益を指すものとして、限界利益と同じ意味で使われることもありますが、本書では上記の算式で求めるものとして区別して説明します。

　では、貢献利益を使ってどのように商品や製品の絞り込みを行なうのかを具体例でみてみましょう。

　ＸＹＺ工業では、製品 x、y、z を製造しており、それぞれの売上

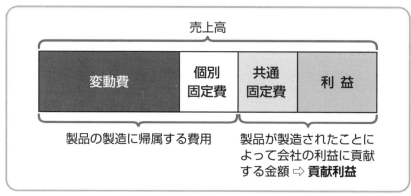

◎貢献利益とは◎

**【XYZ工業の製品別売上高と利益】** (単位:千円)

| | 計算式 | 製品x | 製品y | 製品z | 計 |
|---|---|---|---|---|---|
| 売上高 | a | 10,000 | 8,000 | 5,000 | 23,000 |
| 変動費 | b | 6,000 | 4,400 | 3,200 | 13,600 |
| 限界利益 | c=a−b | 4,000 | 3,600 | 1,800 | 9,400 |
| 固定費 | d=d1+d2 | 3,000 | 2,400 | 2,000 | 7,400 |
| 　個別固定費 | d1 | 2,000 | 1,600 | 1,500 | 5,100 |
| 　共通固定費 | d2 | 1,000 | 800 | 500 | 2,300 |
| 利益 | e=a−(b+d) | 1,000 | 1,200 | ▲200 | 2,000 |
| 貢献利益 | f=c−d1 | 2,000 | 2,000 | 300 | 4,300 |

高、変動費、固定費は上の表のとおりであったとします。

　利益でみると、3つの製品のうち、製品zについては損失を計上しており、製造の取りやめが妥当であると考えられます。しかし、貢献利益をみると、製品zは30万円の利益を得ています。この貢献利益とは、どのようなことを意味しているのでしょうか？

　貢献利益の計算式にある**個別固定費**とは、その製品に直接帰属する固定費のことで、具体的にはその製品のための広告宣伝費、その製品を製造する機械の減価償却費、その製品を保管する倉庫の賃料などです。一方、**共通固定費**とは、複数の製品に共通して発生する固定費のことで、具体的には管理用のコンピュータ・ソフトウェアの使用料などです。前者と後者の違いは、その製品の製造を取りやめれば発生を回避できる固定費かどうかということで、前者は発生を回避でき、後者だと発生を回避できません。

　つまり、製品zの製造を取りやめた場合、発生を回避できるのは個別固定費の150万円だけであり、共通固定費50万円の発生は回避できません。

　そこで、製造する製品の絞り込みは、各製品が会社の利益にどれくらい貢献しているかを示す貢献利益で判断することが妥当ということになります。製品zの場合、30万円の貢献利益を得ており、この観点からは、製造を取りやめることは妥当とはいえないでしょう。同社の収益構造の改善は、共通固定費の見直しなどによって行なうべきといえます。

# 8-4 「機会原価」で受注の可否を判断する

### ◉ 逃した利益はその分「費用が発生した」と考える

　取引先等からの注文を受けるかどうか、どのように判断したらいいのでしょうか？　そのための判断材料となるのが「**機会原価**」（Opportunity Cost）です。具体例でみていきましょう。

　前項で例示したＸＹＺ工業に、「1か月以内に製品xを100万円分納品してほしい」という引き合いがあったとします。しかし、同社ではすでに他社からの発注を受けており、この引き合いに応えるためには稼働時間を増やさなければなりません。この場合、通常の状態で製造するよりも、工具の残業代などで5万円の追加費用が発生します。

　一方、製品xから得られる利益は売上の10%であり、売上が100万円増えれば10万円の利益を得られることになります（増産をした場合、必ずしも固定費が同じ割合で賦課されるわけではありませんが、ここでは理解を容易にするために、同じ割合で賦課されるものとします）。

　したがって、追加費用（5万円）よりも得られる利益（10万円）のほうが大きいので、この引き合いは受けたほうが同社の利益を増やすことになる、ということがわかります。このような考え方を「機会原価」といいます。すなわち、受注をしていれば10万円の利益が得られるところ、受注しなければこの10万円の利益を逃してしまうことになり、それを「10万円の費用が発生した」ととらえるのです。

　もちろん、これは管理会計の考え方によるもので、財務会計ではこのような費用は表面化しません。しかし、経営者としては、機会原価を考慮して判断することが会社の利益を増やすことになるということは、言及するまでもありません。

### ◉ 事例で損得を計算してみよう

　機会原価について、数値で確認してみましょう（次ページの表を参照）。

**【製品ｘの機会原価と利益】** （単位：千円）

|  | 計算式 | 受注せず | 残業対応 | 派遣受入 |
|---|---|---:|---:|---:|
| 売上高 | a | 10,000 | 11,000 | 11,000 |
| 変動費 | b | 6,000 | 6,600 | 6,600 |
| 固定費 | c | 3,000 | 3,300 | 3,300 |
| 追加費用 | d | 0 | 50 | 100 |
| 利益 | e＝a－(b+c+d) | 1,000 | 1,050 | 1,000 |
| 機会原価 | f | ▲100 | 0 | 0 |
| 機会原価を考慮した利益 | g＝e－f | 900 | 1,050 | 1,000 |

　もし、100万円発注の引き合いを受けなかったときは、財務会計上の利益は100万円のままですが、機会原価を考慮した場合の利益は90万円に減少してしまいます。

　一方、工員に残業させることによって引き合いを受けた場合は、5万円の追加費用が発生しますが、引き合いを断わったときの機会原価はなくなるので、財務会計上の利益も、機会原価を考慮した利益も105万円になります。

　では、もし自社の工員に残業を依頼することができず、10万円の追加費用を負担して、派遣社員を受け入れた場合はどうなるでしょう？

　この場合、機会原価の発生を防ぐことはできますが、増加利益と同額の追加費用も発生し、財務会計上の利益も機会原価を考慮した利益も同じ100万円になってしまいます。この条件だけでみると、引き合いを受けることには意味がないことになるので、引き合いを受けることによって新たな収益機会が得られる見込みであるといった、別の要因で判断することになるでしょう。

　なお、ここでは機会原価について単純な例で説明しましたが、実際の事業においては、数多くの顧客のなかからどの顧客と取引をしたらよいのかという、より複雑な判断が求められます。その場合は、どの顧客と取引をすることが会社全体として機会原価を少なくすることができるか、ということを検討するとよいでしょう。

# 8-5 「差額原価」で値引きの可否を判断する

### ▶注文を受けると原価はどのくらい発生するか

　値引き要請があった場合に、それを受け入れるかどうかの判断について考えてみましょう。

　ＸＹＺ工業が、「製品ｘ100万円分について10％値引きで購入したい」との引き合いを受けたとします。製品ｘの利益率は10％であり、値引きをすると利益を得られそうにありません。それでは、この引き合いは断わったほうがよいのでしょうか？

　このようなときは、「**差額原価**」という考え方で判断を行ないます。差額原価とは、「引き合いを受けることによって発生する原価」のことをいいます。

　では、製品ｘの差額原価を計算してみましょう。ここでは、前項とは前提を変えて、100万円分（通常価格）を増産しても追加の費用は発生しない、固定費は個別固定費のみ賦課するという前提とします。

　すると、次ページの表のとおり、100万円分を増産した場合、増加する原価は変動費60万円と個別固定費20万円で、差額原価は80万円ということになります。したがって、100万円分（通常価格）を10％引きで販売した場合の売上高90万円以内に収まり、この引き合いを受けると同社の利益を増やすことになりそうです。このように、値引きの可否については、製品の利益率ではなく、差額原価で検討することが妥当といえます。

　ところで、差額原価や前項の機会原価は管理会計の考え方ですが、このような原価の考え方は経営者の意思決定のためのものであり、財務会計で計算される原価とは異なる性格のものであることから、「**特殊原価調査**」といいます（特殊原価調査には、本書では説明していませんが、付加原価や埋没原価などの考え方も含まれます）。

　そして、機会原価や差額原価は将来の予想にもとづく原価であることから、**未来原価**に分類されることがあります。また、同様に、機会

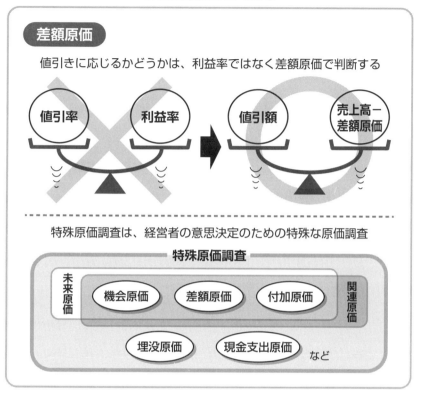

**【XYZ工業の差額原価】** (単位:千円)

|  | 計算式 | 通常価格分 | 値下げ分 | 計 |
|---|---|---|---|---|
| 売上高 | a | 10,000 | 900 | 10,900 |
| 変動費 | b | 6,000 | (※) 600 | 6,600 |
| 個別固定費 | c | 2,000 | (※) 200 | 2,200 |
| 共通固定費 | d | 1,000 |  | 1,000 |
| 利益 | e=a−(b+c+d) | 1,000 | 100 | 1,100 |

(※) 差額原価は800千円（＝変動費増加分600千円＋個別固定費200千円）となる。

原価と差額原価は、経営者の意思決定に関連する部分を計算することから、**関連原価**にも分類されることがあります。

# 8-6 「制約理論」で利益の最大化を検討する

## ● 製品が販売されるとどのくらいのお金を得られるのか

この章では、利益を最大化する手法として、製品の絞り込みや受注の可否について説明してきましたが、工程の効率化を図ることで利益を最大化しようとする考え方があります。これは、**制約理論**（Theory of Constraints＝ＴＯＣ）といわれ、ベストセラー小説の『The Goal』（ザ・ゴール）によって多くの人に知られるようになりました。

制約理論は、製造工程を最適化して**スループット**（T：throughput）を増やすことが、利益を増やすことになるという考え方です。スループットとは、次の式で計算されます。

> スループット（T）＝売上高－真の変動費（直接材料費など）

「真の変動費」とは、製品の生産に直接関連する費用のことで、製品を生産してもしなくても発生する費用は含みません。したがって、スループットは製品が販売されることによって得られるお金ということになります。

スループットの特徴は、**工程全体の最適化を測るために考え出された指標**であるということです。製品が完成しなければ、スループットは大きくなりませんが、この「製品が完成しなければ」を言い換えると、「未完成の在庫を多く抱えていては」ということです。工程ごとに生産能力を高め、各工程の生産を増加させたとしても、必ずしもスループットが増加するとは限りません。全工程を通して生産量が増加して、初めてスループットも増加します。具体例でみてみましょう。

【製品 x の工程ごとの作業員数と生産量】　　　　　　　（単位：人・個）

| 工　程 | 工程1 | 工程2 | 工程3 |
|---|---|---|---|
| 作業員数 | 10 | 10 | 15 |
| 年間生産量 | 600 | 540 | 480 |

## ◎制約理論の考え方◎

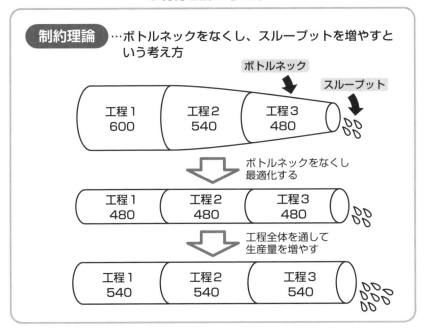

　この3つの工程では、工程3がボトルネック（bottleneck：「瓶の首」という意味で、スループットの産出の制約となっている部分）となっています。そこで、各工程の作業員数を見直し、工程全体の最適化を行ないました。

**【ボトルネックの生産量にあわせた作業員数と生産量】**　　　　（単位：人・個）

| 工　程 | 工程1 | 工程2 | 工程3 |
|---|---|---|---|
| 作業員数 | 8 | 9 | 15 |
| 最適化した後の生産量 | 480 | 480 | 480 |

　これで、工程全体は最適化しました。しかし、工程1・2は生産能力に余剰があるため、さらに作業員数を増やすことでスループットを増加させることができます。

**【工程全体を広げた作業員数と生産量】**　　　　（単位：人・個）

| 工　程 | 工程1 | 工程2 | 工程3 |
|---|---|---|---|
| 作業員数 | 9 | 10 | 17 |
| 工程全体を広げた後の生産量 | 540 | 540 | 540 |

# 8-7 活動を基準に原価計算することの効果は何か

### ▶ より正確な製造原価を把握することができる

　管理会計の観点から原価を管理する手法に、「**活動基準原価計算**」（Activity-Based Costing ＝ **ＡＢＣ**）というものがあります。

　ＡＢＣとはどのようなものか、簡単な例でみてみましょう。

　ＡＢＣ製作所では、製品ａと製品ｂを製造しており、財務会計の手続きによって製品ａの１個あたりの製造原価を64,000円、同様に製品ｂの１個あたりの製造原価を62,500円と計算しています。

　これは、製造間接費（ここでは製品の検査に関する費用のみとします）を、直接材料費の金額に応じて配賦して得られたものです。

　しかし、製品ｂは製品ａよりも精密であり、検査に多くの時間を要しているようだということがわかりました。そこで、製品ごとに検査に要する時間を調べたところ、製品ａは200時間、製品ｂは280時間を要していることから、製造間接費を時間数で配賦することとしました。その結果、製品ａの１個あたりの製造原価は61,500円、製品ｂの１個あたりの製造原価は65,625円と計算されました。

　このように、ＡＢＣでは、製造間接費の配賦をその発生する活動に応じて配賦します。これにより、経営者はより正確な製造原価を把握することができ、**適切な価格設定を行なえる**ようにもなります。

　ところで、上記の例では、製造間接費を検査に要した時間で製品に配賦しました。この場合、検査という活動を検査時間数で測って費用を割り当てていますが、この検査時間数を**原価作用因**（コストドライバー）といいます（厳密には、これはアクティビティー・コストドライバーといいます。説明は割愛しますが、コストドライバーには、リソース・コストドライバーというものもあります）。

　コストドライバーには時間だけでなく、回数、面積、顧客数などもあり、経営者は何をコストドライバーに用いることが適切かということを判断することも大切です。

## ◎財務会計と活動基準原価計算の違い◎

**財務会計**

検査費用
- 200万円 → 製品a（材料費 600万円）
- 160万円 → 製品b（材料費 480万円）

検査費用は、直接材料費を基準に配賦する

**活動基準原価計算**

検査費用
- 150万円 → 製品a（検査時間 200時間）
- 210万円 → 製品b（検査時間 280時間）

検査費用は、検査時間を基準に配賦する

### 【ABC製作所の製品aと製品bの製造原価】
（単位：千円・個）

|  | 計算式 | 製品a | 製品b | 計 |
|---|---|---|---|---|
| 直接材料費 | a | 6,000 | 4,800 | 10,800 |
| 直接労務費 | b | 4,800 | 3,600 | 8,400 |
| 製造間接費 | c | 2,000 | 1,600 | 3,600 |
| 製造原価 | d=a+b+c | 12,800 | 10,000 | 22,800 |
| 製造個数 | e | 200 | 160 |  |
| 1個あたり製造原価 | f=d÷e | 64,000 | 62,500 | （円） |
| 検査時間 | g | 200 | 280 | 480 |
| 検査時間で配賦した間接費 | h | 1,500 | 2,100 | 3,600 |
| 時間で間接費を配賦したときの製造原価 | i=a+b+h | 12,300 | 10,500 | 22,800 |
| 修正後の1個あたり製造原価 | j=i÷e | 61,500 | 65,625 | （円） |

　また、ABCは活動を基準に原価を計算しているので、財務会計では真の原価の計算が困難であったサービス業で導入すると、より大きな効果が得られます。たとえば美容室では、売上原価には洗髪剤や整髪剤などしか計上されませんが、さらにメニューごとに作業時間を算出し、それをもって真の原価を計算することで、適切な価格設定が可能になるでしょう。

# 8-8 「回収期間法」を設備投資の判断に役立てる

### ● 設備の購入代金は何年で回収できるか

　この章では事業活動における意思決定について取り上げてきましたが、最後に、設備投資に関する意思決定についてみておきましょう。

　機械などの高額な設備を購入しようとするときは、仮にそれが失敗したときには会社に大きな損失をもたらすため、経営者としては慎重に検討を行なうことになります。

　この検討の方法についてはいくつかありますが、ここではその代表的なものとして、「何年で機械の購入代金を回収できるか」について比較する方法について説明します。例として、機械Aと機械Bの購入について検討してみましょう。

　まず、機械A・Bのそれぞれに、購入後の年ごとのその機械から生み出されるキャッシュ・フロー（ここでいうキャッシュ・フローは、おおよそ「営業利益＋減価償却費」と考えて差し支えありません）の見込みを算出します。

【機械の購入額と年ごとのキャッシュ・フロー見込み】 （単位：千円）

|  | 購入額 | 1年後 | 2年後 | 3年後 | 4年後 | 5年後 | 計 | 購入額との差 |
|---|---|---|---|---|---|---|---|---|
| 機械A | 150,000 | 20,000 | 30,000 | 50,000 | 50,000 | 50,000 | 200,000 | 50,000 |
| 機械B | 250,000 | 30,000 | 40,000 | 60,000 | 60,000 | 60,000 | 250,000 | 0 |

　機械Aと機械Bを比較すると、機械Bのほうが各年のキャッシュ・フローの額が大きいようです。しかし、購入額は機械Bより機械Aのほうが少ないです。

　そこで、キャッシュ・フローで購入額を回収できる期間をみてみましょう。

　機械Aは、4年間で購入額のキャッシュ・フローを生み出していますが、機械Bは5年経たないと購入額のキャッシュ・フローを生み出しません。さらに、5年間のキャッシュ・フローの合計額からそれぞ

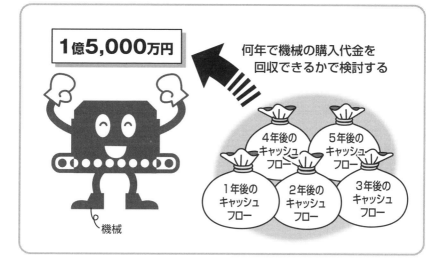

◎回収期間法の考え方◎

れの機械の購入額を差し引いた残額をみると、機械Aは5,000万円あるのに対し、機械Bはキャッシュ・フローが残りません。

　これらのことから、機械Bとの比較においては機械Aを購入することのほうが得策であると判断することができます。このように、回収期間の長短で投資を判断することから、この方法は「**回収期間法**」と呼ばれています。

　なお、回収期間法ではキャッシュ・フローのみを設備購入の判断要因にしていますが、実際にはほかの要因にも注意することが必要です。たとえば、融資を受けて購入する場合は、固定長期適合率（☞3－2項）を考慮する必要があります。さらに、機械を購入して製品を増産することができたとしても、それが確実に売れなければ意味がありません。増産だけでなく、製品の需要の見込みについても勘案することが必要です。

　また、回収期間法以外の検討方法には、利益に対する機械の購入額の割合から判断する「会計的投資利益率法」、将来のキャッシュ・フローを割り引いた現在の価値が機械の購入額を上回るかどうかで判断する「現在価値法」、機械から得られるキャッシュ・フローの利回りの高さで判断する「内部利益率法」などがあります。

> **知っとコラム**

# コミッティド・コストとマネジド・コスト

　8－7項の「活動基準原価計算」の説明のなかで、活動にともなって発生する費用（Activity Cost）について触れましたが、これに対して、設備や従業員などを維持する費用である**キャパシティ・コスト**（Capacity Cost＝**経営能力費**）というものがあります。

　キャパシティ・コストは、発生源が何かという観点で分類されるコストですが、結果的に固定費とほぼ同じです。

　キャパシティ・コストは、さらに**コミッティド・キャパシティ・コスト**（Committed Capacity Cost＝**既定費**）と**マネジド・キャパシティ・コスト**（Managed Capacity Cost＝**管理可能費**）に分類されます。

　コミッティド・キャパシティ・コストとは、減価償却費、固定資産税、保険料、賃借料など、短期的には管理できない費用を指します。一方、マネジド・キャパシティ・コストとは、広告宣伝費、給与など、短期的に管理できるコストを指します。

　さらに、マネジド・キャパシティ・コストは、**ポリシー・コスト**（Policy Cost＝**政策費**）と**オペレーティング・コスト**（Operating Cost＝**業務費**）に分類されます。

　ポリシー・コストとは、試験研究費など、経営者の方針によって発生するコストで、オペレーティング・コストとは、給与など事業活動にともなって必然的に発生するコストを指します。

　固定費については、本来は管理しがたい費用ですが、予算管理などの面からは管理の対象になりつつあります。

　また、部門別業績評価を行なうときは、キャパシティ・コストのうちマネジド・キャパシティ・コストのみを部門の業績に反映させるなど、業績評価にも活用されています。

# 9章

## バランス・スコア・カードを上手に活用しよう

経営に会計を活用するために、ぜひ実践してほしいものです。

# 9-1 「バランス・スコア・カード」の特徴とは

### ● 4つの視点から事業活動を評価する

1-4項で紹介した「バランス・スコア・カード」(BSC)についておさらいしましょう。

BSCは、会社の業績の評価が短期的な財務面に偏っているという批判を受けて開発された**業績評価システム**です。具体的には、「財務の視点」以外に、「顧客の視点」「業務プロセスの視点」「学習と成長の視点」も取り入れて評価するしくみになっています。

#### ①財務の視点

会計的な基準で評価を行なう視点です。主に株主への期待に応えるために、どのような活動をするかということが目的で、具体的な例としては、利益率、成長率、キャッシュ・フローの多さなどをどのような活動によって高めるかということを、この視点で検討します。

#### ②顧客の視点

事業を進めるにあたって、顧客は、株主と同様に重要な利害関係者です。その顧客の視点からの評価を高めるためには、どのような活動を行なえばいいのかを、この視点から検討します。具体的には、顧客満足度、市場占有率、顧客1人あたりの販売額、リピート率などをどのように高めるかということを、この視点で検討します。

#### ③業務プロセスの視点

株主や顧客を満足させるために、事業においてどのようなプロセスをとるべきかを検討する視点です。具体的には、納品期間の短縮、不良品発生率の低下や、新製品開発の頻度の向上、顧客へのアフターサービスの向上などにより、原材料・部品・商品などの納品先へも協力を求めることになります。

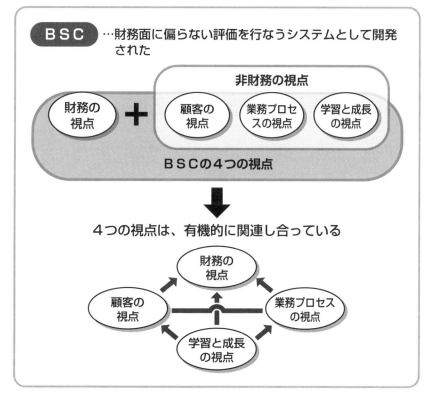

◎バランス・スコア・カードの4つの視点◎

## ④学習と成長の視点

　業績向上のために必要な業務プロセスが明確になると、それを遂行できるようにするための、人材や能力を明確にする必要があります。学習と成長の視点では、そのような人材や能力を確保するために、どのような活動を行なうのかを検討します。具体的には、優秀な人材を確保するための活動、採用した人材の能力を高めるための活動、事業活動によって得られたノウハウを上手に蓄積し活用するための活動を検討します。

　なお、これらの4つの視点は、それぞれが個別に検討されるものではなく、「財務の視点」←「顧客の視点」←「業務プロセスの視点」←「学習と成長の視点」と、有機的に関係していることも特徴です。

# 9-2 BSCの４つの視点の関係

## ● ４つの観点からのバランスは取れているか

　BSC（バランス・スコア・カード）の「バランス」とは、前項にあげた４つの視点の均衡（バランス）が取れているかどうかを評価するということであり、このような評価を行なうことができる点が、BSCの優れた特徴です。そして、単に一つの観点だけでなく、次のような４つの観点から均衡が図られているかどうかを検証します。

①財務と非財務の均衡

　BSCの最大の特徴である、非財務面での評価を財務面の評価と均衡させようとする関係性です。会社の評価方法に財務面での評価を欠くことはできませんが、財務面での評価を高めるために、非財務の３つの視点での活動でどのように実現させるのか、ということを明らかにすることで、財務面と非財務の活動の均衡を図ることができるようになります。

②短期的な活動と中長期的な活動の均衡

　財務の視点は、利益率や成長率など、主に１年以内に達成されることをめざす活動が主なものです。それ以外の３つの視点は、１年以内に限らず、数年かけて達成しようとするものが多く含まれていることが考えられます。たとえば、学習と成長の視点で「採用した人材の能力を高めるための活動」の成果は、数年かけて求められるものです。このように、４つの視点から最適な活動を検討することで、短期的な活動と中長期的な活動の均衡を図ることができます。

③要因と結果の均衡

　各視点から検討される活動には、要因と結果の関係にあるものがあります。たとえば、学習と成長の視点で「採用した人材の能力を高め

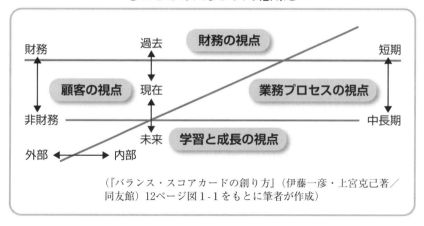

(『バランス・スコアカードの創り方』(伊藤一彦・上宮克己著／同友館)12ページ図1-1をもとに筆者が作成)

るための活動」を行なった結果、顧客の視点で「顧客満足度が向上するための活動」ができるようになり、さらにその結果、財務の視点で「利益率の向上のための活動」が実行できるようになります。このように、各視点での戦略を個々に検討するのではなく、「将来の業績向上ための活動」→「当座の課題として取り組む活動」→「結果としての実績を向上させるための活動」という、時間軸を念頭においた因果関係を均衡させて検討することができるようになります。

### ④内部と外部の均衡

4つの視点で検討する活動の働きかける対象は、内部に働きかける活動と、外部に働きかける活動に分けることができます。前者は、社内のしくみを対象とする業務プロセスの視点によるものと、従業員やノウハウなどを対象とする学習と成長の視点によるものです。後者は、顧客を対象とする顧客の視点によるものと、株主などの投資家や銀行などの債権者を対象とする財務の視点によるものです。

このように、4つの視点にもとづく活動を検討することで、内部からの評価と外部からの評価を均衡させることができるようになります。

これらの4つの観点からの均衡のために、BSCではこれまで説明してきた財務分析や管理会計の手法が多用されることになります。

# 9-3 BSCを導入して「戦略マップ」を作成する

## ◉戦略マップから重要成功要因を明確にする

　ここからは、BSCの具体的な活用法についてあげていきます。

　BSCは、会社の経営戦略にそって作成されます。経営戦略は、会社の強みや経営環境の機会を活かすことができるように作成されますが、複数の経営戦略をその目的によって4つの視点へ振り分けます。その具体例として、BSCの導入で業績の回復に成功した米国の航空会社、サウスウェスト航空の**戦略マップ**の一部を示します。

| 最終目標 | 利益性の向上 |
|---|---|
| 財務の視点 | ↑低コストの実現 |
| 顧客の視点 | ↑定刻離着陸の厳守 |
| 業務プロセスの視点 | ↑実稼働時間の増加 |
| 学習と成長の視点 | ↑地上クルーのチームワーク向上 |

　この戦略マップでは、各視点に一つの戦略を置きましたが、実際にはSWOT分析（会社の内部環境や外部環境に関する分析）の結果か

◎**戦略マップの例**（サウスウェスト航空）◎

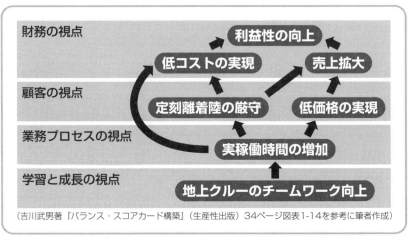

（吉川武男著『バランス・スコアカード構築』（生産性出版）34ページ図表1-14を参考に筆者作成）

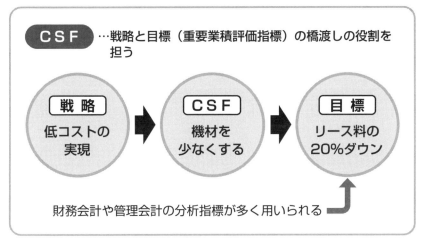

ら策定された複数の戦略が置かれます。また、因果関係も、一つの戦略が複数の戦略に関係することもあります。

そして、戦略マップを作成した後は、各戦略を成功させる要因を明確にします。

BSCでは、この要因を「**重要成功要因**」（Critical Success Factor＝CSF）として明らかにします。CSFは、戦略ごとに一定の手順によって選定しますが、その成功要因は対象となる戦略を確実に遂行させることになるという強い因果関係があることが必要です。

前述したサウスウェスト航空の戦略に対するCSFを例示しておくと下表のとおりです。

| 視　点 | 戦　略 | CSF |
|---|---|---|
| 財務 | 低コストの実現 | 機材を少なくする |
| 顧客 | 定刻離着陸の厳守 | スケジュールの厳守 |
| 業務プロセス | 実稼働時間の増加 | 時間の厳守 |
| 学習と成長 | 地上クルーのチームワーク向上 | 従業員の士気向上 |

なお、CSFは、戦略と次項で説明する重要業績評価指標の橋渡し的な役割ももっています。重要業績評価指標は、戦略の有効性を明らかにするための指標ですが、これは戦略からCSFを通して設定されるものです。

# 9-4 「重要業績評価指標」で達成度合いを測る

## ● 定性的な目標を定量的な指標で測定する

　ＣＳＦ（重要成功要因）を選定した後は、「**重要業績評価指標**」（Key Performance Indicator ＝ **ＫＰＩ**）を設定します。ＫＰＩは、ＣＳＦの達成度合いを測る指標で、ＣＳＦごとに設定します。サウスウェスト航空のＫＰＩの例を抜粋してみてみましょう。

| 視　点 | 財務の視点 | 学習と成長の視点 |
|---|---|---|
| 戦略 | 低コストの実現 | 地上クルーのチームワーク向上 |
| ＣＳＦ | 機材を少なくする | 従業員の士気向上 |
| ＫＰＩ | 飛行機のリース料 | 賞与の増額 |
| 目標 | 20％ダウン | 20％アップ |

　財務の視点のＣＳＦの「機材（航空機）の数を少なくする」は、ＫＰＩの「飛行機のリース料」で、また、学習と成長の視点のＣＳＦの「従業員の士気向上」は、ＫＰＩの「賞与の増額」で、それぞれ達成度合いを測ります。財務の視点については、戦略、ＣＳＦとも定量的であることから、ＫＰＩの設定も比較的容易であり、また、正確性も高いと考えられます。ただし、学習と成長の視点のＣＳＦである「従業員の士気向上」は定性的であるのに対し、ＫＰＩの「賞与の増額」は定量的であり、妥当性や正確性が財務の視点と比較して劣るようです。

　しかし、定性的な目標を定量的な指標で測ることができるようにするところがＢＳＣの難しさである反面、それが確立できれば強力なツールとして力が発揮できることになります。賞与の増額によって従業員の士気向上を測ることは、ある程度は妥当性があるでしょう。検証を繰り返すうちに、仮に賞与の増額で士気の向上を測ることの妥当性が低いと判断された場合は、別のＫＰＩを設定することを検討しながら、妥当なＫＰＩを見極めていくようにすることで、ＢＳＣの有効性を高めていくことができます。

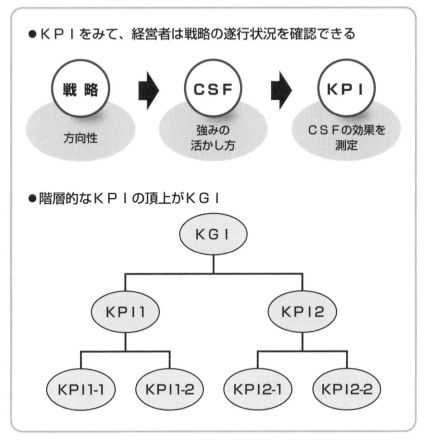

なお、KPIに関連する指標として、「**重要目標達成指標**」（Key Goal Indicator = **KGI**）があります。これは、会社の最終的な目標とする指標で、いわばKPIの積み重ねの最上段にあるものがKGIといえます。

このKPIとKGIの指標には、財務会計での分析指標（3章〜5章）や管理会計での分析指標が多く用いられます。そして、単に「売上高10％増加」や「利益率2％向上」という目標を並列で立てるよりも、BSCの活用によってそれぞれの目標を関連づけて設定し、管理するほうが効率的であり、より高い効果を得ることができるでしょう。

# 9-5 「PDCA」で目標の達成度合いを確認する

## ● PDCAサイクルで計画の定期的な検証を

　3章から8章まで、財務会計や管理会計の活用法について説明してきましたが、会社の財務面での指標により、過去はどうなっていたのか、いまはどうなのかということを把握するだけでは、あまり意味はありません。経営者の視線は常に将来を向いているわけですから、将来の業績を向上させるために、それらが活用されなければなりません。

　そこで、将来の目標（特に数値での目標）を立て、それを達成させるための行動が経営者にとっては最も大切な役割といえるでしょう。

　BSCでは、KPI（およびKGI）の設定を行なった後は、いよいよ目標に向かって行動を起こします。BSCは、「**環境分析→戦略策定→戦略マップ作成→CSF設定→KPI設定**」という手順で作成されますが、より大切なことは、BSCの作成だけではなく、**BSCを活用して目標を達成すること**です。

　このことは、容易に理解してもらえる一方で、実際にはそれを遂行している経営者の割合は低いようです。その原因を述べる余地は本書ではあまりに少ないのですが、机上での分析や計画策定の何倍も実践することは難しく、それを実践できるかどうかが経営者の真の能力ということでしょう。ここでは、BSCを着実に活用できるかどうかが、会社の業績の分かれ目になるということにとどめておきます。

　では、目標を達成するためには、BSCをどのように活用したらよいのでしょうか？　実は、これは比較的単純です。目標がどれくらい達成できているか、戦略の実行やKPIの設定について、問題点の有無や乖離がないかということを定期的に検証し、改善が必要であれば修正していけばよいのです。この、「**計画（Plan）→実行（Do）→検証（Check）→改善（Action）**」という一連の活動をPDCAといいます。

　具体的には、1か月ごとにKPIの達成度合いを確かめ、計画との

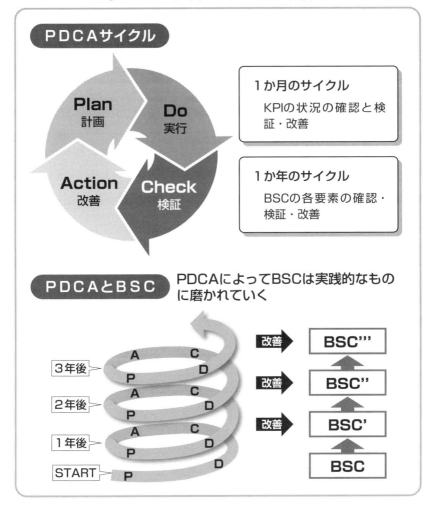

　乖離があれば、その対策を講じて実践します。一般的に、戦略の計画期間は1年かそれ以上ですが、1か月という短い期間で検証と改善を繰り返すことで、目標が確実に達成できるようにします。

　また、1年ごとに、目標、戦略、KPIなどに問題点がないかということを検証し、必要があれば修正して、次の年度の計画に反映させます。このPDCAサイクルの着実な実践の積み重ねが、会社の真の実力を高めていくことに確実につながっていくのです。

# さくいん

**【英字】**

ABC……………………………156
ABC分析………………………146
BEP……………………………130
B／S……………………………30
BSC………………18、162、164
C／F……………………………50
CSF……………………………167
CSR……………………………28
CVP分析………………………130
EOQ……………………………104
GMROI…………………112、114
KGI……………………………169
KPI……………………………168
PDCA…………………………170
P／L……………………………38
S／S……………………………48
TOC……………………………154
WACC…………………………119

**【あ】**

粗利益……………………………40
安全係数…………………………110
安全在庫量………………108、110
安全余裕率………………138、142

意思決定会計……………………144
1年基準…………………………32
一般原則…………………………60

売上原価……………………40、76
売上債権回転期間………………73

売上債権回転率…………………72
売上総利益…………………40、76
売上高……………………………40
売上高経常利益率………………78
売上高総利益率…………………77
売上高費用比率…………………80

営業外収益………………………44
営業外費用………………………44
営業利益……………………42、78

オペレーティング・コスト……160

**【か】**

会計………………………………12
会計期間…………………………36
会計公準…………………………58
回収期間法………………………159
外部金融…………………………20
加重資本平均コスト……………119
活動基準原価計算………………156
株主資本等変動計算書…………48
勘定式……………………………38
管理会計……………………16、144
管理可能費………………………160
関連原価…………………………153

機会原価……………………118、150
期間計画のための会計…………144
企業会計原則……………………60
既定費……………………………160
機能別分類（費用）……………102

172

| | | | |
|---|---|---|---|
| キャッシュフロー計算書 | 50 | 在庫金利 | 119、120 |
| キャパシティ・コスト | 160 | 在庫滞留期間 | 116 |
| 業績管理会計 | 145 | 在庫日数 | 107 |
| 共通固定費 | 149 | 財務会計 | 14 |
| 業務費 | 160 | 財務諸表 | 50 |
| | | 財務分析 | 26 |
| 経営安全率 | 140、142 | 財務レバレッジ | 84 |
| 経営能力費 | 160 | 差額原価 | 152 |
| 経営分析 | 26 | | |
| 計画会計 | 144 | 資金移動表 | 56 |
| 経済的発注量 | 104 | 資金運用表 | 54 |
| 計算書類 | 30 | 資金繰表 | 52 |
| 経常利益 | 44、78 | 資金収支 | 22 |
| 形態別分類(費用) | 102 | 自己資本 | 20、34 |
| 決算 | 38 | 自己資本経常利益率 | 82、84 |
| 決算日 | 39 | 自己資本比率 | 68 |
| 欠品率 | 110 | 資産 | 30 |
| 限界利益 | 128 | 資本生産性 | 100 |
| 限界利益率 | 130 | 社会的責任 | 28 |
| 原価計算 | 16 | 重要業績評価指標 | 168 |
| 原価作用因 | 156 | 重要成功要因 | 167 |
| | | 重要目標達成指標 | 169 |
| 貢献利益 | 148 | 出資 | 14 |
| 交差主義比率 | 112 | 準固定費 | 126 |
| ゴーイングコンサーン | 59 | 純資産 | 30、34 |
| 固定資産 | 32 | 準変動費 | 126 |
| 固定長期適合率 | 66 | | |
| 固定費 | 42、124 | スループット | 154 |
| 固定比率 | 66 | | |
| 固定負債 | 34 | 政策費 | 160 |
| 個別計画のための会計 | 144 | 正常営業循環基準 | 32 |
| 個別固定費 | 149 | 製造原価 | 40、76 |
| コミッティド・キャパシティ・コスト | | 制約理論 | 154 |
| | 160 | 設備生産性 | 100 |
| | | 戦略マップ | 166 |
| 【さ】 | | | |
| サービス率 | 110 | 総資産経常利益率 | 82 |
| 在庫 | 104 | 総資本回転期間 | 72 |

総資本回転率……………………72
損益計算書………………………38
損益分岐点売上高……………130
損益分岐点販売数量…………132
損益分岐点比率………………139

【た】

貸借対照表………………………30
貸借対照表等式…………………31
棚卸資産回転期間………………73
棚卸資産回転率…………………72
他人資本…………………………34

逓減費……………………………126
逓増費……………………………126
手元流動性比率…………………70
デュポン方式……………………86

当期利益……………………45、78
統制会計………………………144
特殊原価調査…………………152
特別損失…………………………44
特別利益…………………………44

【な】

内部金融…………………………20

値入率……………………………112

【は】

80対20の法則…………………146
バランス・シート………………30
バランス・スコア・カード
　　　　　　………18、162、164
パレートの法則………………146
販売費及び一般管理費…………42

比較損益計算書…………………46

比較貸借対照表…………………36
引渡基準…………………………50
飛躍費……………………………126
費用収益対応の原則…………122
標準偏差………………………108
比例費……………………………126

付加価値……………40、76、90、92
付加価値率………………………77
含み益……………………………74
負債………………………………30

変動費…………………………42、124
変動費率………………………130

報告式……………………………38
ポリシー・コスト……………160

【ま・や】

マネジド・キャパシティ・コスト
　　　　　　…………………160

未来原価………………………152

目標利益獲得売上高…………134

融資返済可能売上高…………136

【ら】

リードタイム…………………106
利益処分…………………………48
流動資産…………………………32
流動比率…………………………64
流動負債…………………………34

労働生産性………………………96
労働装備率………………………98
労働分配率………………………94

**六角明雄**（ろっかく　あきお）

栃木県出身。岩手大学卒業（経営学、組織論、会計学専攻）。中小企業診断士、ITコーディネータ。地方銀行勤務等を経て、東京都中央区に中小企業診断士六角明雄事務所開設、現在に至る。資金調達支援、事業計画立案支援、幹部育成などの分野で、主に首都圏の会社の支援に携わる。

著書に、『図解でわかる 小さな会社の経営戦略 いちばん最初に読む本』『図解でわかる在庫管理 いちばん最初に読む本』『図解でわかるリースの実務 いちばん最初に読む本』（以上、アニモ出版）、『ビジネスマンなら知っておきたい 武器になる会計』（秀和システム）がある。

中小企業診断士六角明雄事務所
〒104-0061　東京都中央区銀座7-13-5 NREG銀座ビル1階
電話　　050-5539-8814
URL　　http://www.yuushi-zaimu.net/
Podcast　http://tsuyoishachou.seesaa.net/
e-mail　rokkaku@yuushi-zaimu.net

---

図解でわかる
小さな会社の経営に活かす会計 いちばん最初に読む本
2015年11月20日　初版発行

著　者　六角明雄
発行者　吉溪慎太郎
発行所　株式会社 アニモ出版
　　　　〒162-0832 東京都新宿区岩戸町12 レベッカビル
　　　　TEL 03(5206)8505　FAX 03(6265)0130
　　　　http://www.animo-pub.co.jp/

©A.Rokkaku2015　ISBN978-4-89795-183-6
印刷：文昇堂／製本：誠製本　Printed in Japan

落丁・乱丁本は、小社送料負担にてお取り替えいたします。
本書の内容についてのお問い合わせは、書面かFAXにてお願いいたします。

**アニモ出版** わかりやすくて・すぐに役立つ実用書

### 図解でわかる 小さな会社の経営戦略 いちばん最初に読む本

六角 明雄 著　定価 本体1600円(税別)

経営戦略の基本から実際の策定のしかた、実践手法まで、豊富なイラスト図解とわかりやすい解説でやさしく手ほどき。具体的にわからなかったことがスラスラ頭に入ってくる1冊。

### 図解でわかる在庫管理 いちばん最初に読む本

六角 明雄 著　定価 本体1600円(税別)

在庫管理のしくみと基礎知識からコスト削減、経営戦略まで、図解とわかりやすい解説でやさしく手ほどき。中小企業経営者や在庫担当者、経理担当者、新入社員にもおススメの一冊。

### 図解でわかるリースの実務 いちばん最初に読む本

六角 明雄 著　定価 本体1600円(税別)

リース取引に関する法律・会計・税務の基礎知識から、かしこい活用法まで、豊富なイラスト図解とわかりやすい解説でやさしく手ほどき。初めての人でもスラスラ読める決定版！

### キャッシュフローと損益分岐点の見方・活かし方

本間 建也 著　定価 本体1800円(税別)

会社を強くするための会計実務書。利益管理に欠かせない損益分岐点とキャッシュフロー（資金収支）を合体させることで本当の意味での採算計算、利益戦略を実践的に指南する本。

定価には消費税が加算されます。定価変更の場合はご了承ください。